슬로푸드 선언

어떻게 먹을 것인가

WE ARE WHAT WE EAT: A Slow Food Manifesto

Copyright © 2021 by Alice Waters
Korean Translation Copyright © 2025 by The Korea Economic Daily & Business Publications, Inc.

Korean edition is published by arrangement with McCormick Literary
through Duran Kim Agency.

이 책의 한국어판 저작권은 Duran Kim Agency를 통해
McCormick Literary와의 독점계약으로 한경BP에 있습니다.
저작권법에 의해 한국 내에서 보호를 받는 저작물이므로
무단전재와 무단복제를 금합니다.

지구를 바꾸는 작은 혁명

슬로푸드 선언

어떻게 먹을 것인가

앨리스 워터스 지음
이수경 옮김

한국경제신문

· 추천사 ·

이 책을 펼치자 갓 낳은 달걀과 텃밭의 채소로 요리를 만들던 30년 전 외할머니의 부엌을 다시 찾은 듯한 따뜻함을 느꼈다. 오늘날 우리는 넘치는 편리함에 길들여져 우겨넣듯 먹는 것을 제외한 식사의 모든 과정을 외주화한다. 그렇게 음식이 가진 의미를 잃어가고 있다. '끼니를 때운다'라는 말이 일상인 시대에, 이 책은 식탁을 우리 삶과 세상을 돌보는 공간으로 복원해낸다.

식재료를 고르고, 정성껏 요리하고, 천천히 음미하며 먹는 행위는 단지 허기를 채우는 것에서 끝나지 않는다. 이는 나와 세상을 아끼고 가꾸는 행위가 될 수 있다. 건강한 식사는 삶의 균형을 되찾고 몸과 마음의 선순환을 만들어내는 데 필수이다. 우리가 먹는 음식이 우리의 미래까지도 결정한다는 엄중한 현실 앞에서 소비의 대상이나 효율의 관점으로만 음식을 바라볼 수 없게 된다.

저자는 빠르게 흘러가는 시간과 편리함만을 좇는 현대 문명이 우리의 몸과 마음, 그리고 지구에 미치는 해악을 강력히 경고하면서도, 그에 맞서는 길은 그리 거창하지 않다고 말한다. 제철의 식재료를 느리게 맛보고 나누는 작은 변화로도 족하다고 강조한다. 우리가 잃어버린 건강뿐 아니라 균형 잡힌 삶을 바라보는 관점, 지구를 향한 존중을 되살려준다는 점에서 울림은 더욱 풍성하다. 부디 이 책이 많은 이들의 손을 거쳐, 바쁘고 지친 이들의 식탁 위에 따뜻한 삶의 행복을 가져다줄 수 있기를 바란다.

_정희원, 서울아산병원 노년내과 교수

워터스는 '먹는 행위'가 정치적이며, 지구의 미래를 크게 좌우한다는 점을 설득력 있게 보여준다.

_〈타임〉

버클리의 셰파니스Chez Panisse를 창립한 전설적인 셰프 워터스는 음식이 사회와 지구를 어떻게 바꾸는지 열정적인 선언문에 담았다. 그는 편리함의 대가, 광고에 대한 맹목적 신뢰, '저렴함'이라는 가치가 '무언가를 해낼 수 있다는 자신감'을 어떻게 꺾는지 설득력 있게 분석한다. 지극히 논리적이고 깊은 영감을 주는 이 책은 독자들의 눈을 뜨게 할 것이다.

_〈퍼블리셔스 위클리〉

이 아름다운 책은 현시대에 우리가 받아들여야 할 가치들(책임, 다양성, 상호연결성, 단순함, 균형)을 이야기한다. 나는 이 책을 읽고서 삶의 방식을 바꾸고 싶어졌다. 당신도 분명 그런 영감을 받을 것이다.

_제인 폰다, 《무엇을 할 수 있을까?What Can I Do?》 저자

워터스는 따뜻하고 열정적이며 지극히 개인적인 이 책을 통해 식습관을 바꿔야 하는 이유를 놀라울 만큼 정확하게 제시한다. 현학적인 표현이나 어려운 말은 없다. 그저 자신에게 가장 중요한 것들에 대해 진심을 담아 이야기할 뿐이다. 나는 이 책을 내가 사랑하는 모든 사람에게 선물할 생각이다.

_루스 라이클, 《그 자두는 내 몫으로 남겨줘Save Me the Plums》 저자

앨리스 워터스는 내가 가장 좋아하는 셰프이며, 이 책은 아름답고도 중요한 저작이다. 그 안에는 열정이 있고, 지금의 현실에 대한 분노가 있다. 더 친절하고, 공정하고, 인간적이며, 훨씬 더 즐거운 미래에 대한 희망도 담았다. 그녀의 인생이 집약된 결정체이다. 반드시 읽어야 할 책으로 추천한다.

_에릭 슐로서, 《패스트푸드의 제국》 저자

워터스가 세상에 기여한 바는 측량할 수 없을 정도지만, 이번 신작은 새로운 지평을 연다. 그는 평생을 사람, 지구, 우리가 소비하는 음식에 헌신했다. 그는 음식이 가진 본질적인 가치를 오늘날 우리가 얼마나 하찮게 여기고 있는지 일깨운다. 만약 더 많은 사람들이 그가 걸어갔던 길을 따른다면, 세상은 얼마나 다채로운 냄새와 맛을 가지게 될지 상상해보라.

_론 핀리, 도시 농업 운동가

이성적인 판단력, 건강함, 즐거움이라는 키워드를 음식이라는 주제에 불어넣으려는 노력을 끊임없이 해온 워터스는 없어서는 안 될 존재였다. 그의 끊임없는 열정과 헌신, 훌륭한 업적 덕분에 과거에는 상상할 수도 없던 것들을 생각하고, 말하고, 실천할 수 있게 되었다. 그가 없었다면 우리는 친절과 너그러움, 격려, 동료애를 누리지 못하면서 살아갔을 것이다. 그에게 감사를 전하며, 한없는 존경을 보낸다.

_웬델 베리, 작가이자 농부

WE ARE
WHAT
WE EAT

•

차례

추천사 • 5
서론: 무엇을 어떻게 먹느냐가 우리 삶을 결정한다 • 10

1부 패스트푸드 문화

편리함에 중독된 세상 • 25
개성을 말살하는 획일성의 문제 • 37
점점 사라지는 식재료의 계절감 • 47
현혹하는 광고와 속임수 • 63
싼 가격만 좇으며 포기한 것들 • 79
많을수록 좋다는 착각 • 93
삶을 무너뜨리는 지나친 속도 • 109

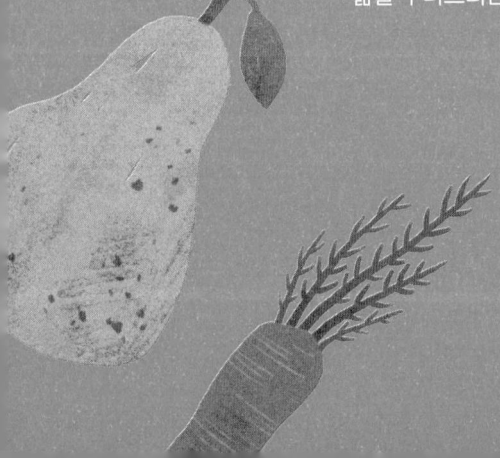

2부 슬로푸드 문화

잃어버린 아름다움을 찾아서 • 127

생물 다양성을 존중하는 먹거리 • 141

계절과 조화를 이루는 식생활 • 157

재생과 보존을 위한 집사 정신 • 173

즐겁고 의미 있는 일의 힘 • 191

단순함이 본질이다 • 207

우리는 모두 연결돼 있다 • 221

결론: 우리의 미래는 음식에 달려 있다 • 235

감사의 글 • 241

서론
무엇을 어떻게 먹느냐가 우리 삶을 결정한다

1971년 셰파니스Chez Panisse를 처음 열 때만 해도 나는 음식의 힘을 제대로 알지 못했다. 내 삶의 자연스러운 일부였던 반문화운동과 식품정치food politics(정책·법률·생산·규제·유통·소비 등 식품과 관련된 모든 측면을 포괄하는 용어로, 단순히 건강 문제만이 아니라 국가 간 관계나 식량 안보, 기후변화 문제까지 아우른다-옮긴이) 사이에 연결 고리가 있다는 것은 알았지만, 그 둘이 내 머릿속에서 유의미하게 결합되지는 못한 상태였다.

당시 미국에서는 귀농운동이 일어났으며, 화학 약품이나 살충제를 쓰지 말고 농작물을 직접 길러 먹자는 목소리가 커졌다. 레이첼 카슨Rachel Carson의 《침묵의 봄》이, 이후에는 프랜시스 무어 라페Frances Moore Lappé의 《작은 행성을 위한 식단Diet for a Small Planet》이 사회적으로 큰 반향을 일으켰다.

내가 캘리포니아대학교 버클리 캠퍼스에서 공부하던 시

절은 자유언론운동Free Speech Movement(1964년 교내의 정치적 활동을 금지하는 학교 당국에 반발하며 버클리 학생들이 벌인 대규모 시위-옮긴이)과 반전운동, 흑인민권운동의 시대였다. 또한 나는 포도 농장주들과 맞서 싸운 노동운동가 세자르 차베스César Chávez를, 그의 운동이 우리가 먹는 음식을 재배하는 농장 노동자의 권리에 대한 인식을 높이는 것을 목격했다. 이런 정치적 풍경들은 젊은 시절 내 삶의 일부였다. 왜 아니겠는가. 그 시대의 가장 커다란 이슈였으니 말이다. 그러나 나는 특별한 사회적 목적이나 정치적 의식 때문에 식당을 연 것이 아니었다. 셰파니스를 시작한 것은 사람들에게 좋은 음식을 먹이는 게 내가 할 수 있는 유일한 희망적인 일 같았기 때문이다.

  그런 단순한 생각에 조금씩 변화가 생긴 것은 식당을 열고 몇 년이 지난 후였다. 그 시발점은 더 맛 좋은 재료를 찾아다니다가 유기농 방식을 쓰는 농장주와 목장주, 공급업자들과 거래한 일이다. 지속 가능한 방식으로 생산하는 지역 농부들은 최고의 품종을 재배하고 완전히 익었을 때 수확하기 때문에 그들이 제공하는 식재료는 언제나 최고의 맛을 냈다. 우리는 생산자와 공급업자의 이름을 메뉴에 표시하기 시작했다. 식탁에 오르는 음식 뒤에 존재하는, 보이지 않는 농업 네트워크를 사람들에게 알리기 위해서였다.

어느 순간부터 식당 손님들은 새해 무렵이면 짐 처칠^{Jim Churchill}이 오하이에서 생산한 기슈 만다린^{Kishu mandarin}을, 8월 말이면 마스 마스모토^{Mas Masumoto}가 센트럴밸리에서 수확한 선크레스트 복숭아^{Sun Crest peach}를 기대했다. 손님들은 그런 식재료를 곧장 알아봤고 때로는 먼저 요청했다. 그들은 지리적 특성과 계절의 변화가 식재료를 재배하는 환경에 만들어내는 차이를 미각을 통해 느끼기 시작했다.

우리는 셰파니스의 음식을 통해 테루아^{terroir(토양, 위도, 기후 등 와인용 포도 재배에 영향을 미치는 환경적 요소를 통칭하는 말-옮긴이)}와 생물 다양성에 대해 배웠다. 그뿐만이 아니라 우리가 중개상을 끼지 않고 농부에게 직접 생산물을 구매한다는 사실이 지역사회에 널리 알려졌다. 우리는 농부들에게 그들이 재배한 농작물의 합당한 값을 지불했다. 이로써 지역 생산자들은 경제적 안정을 얻었고, 궁극적으로는 셰파니스의 대안 경제 시스템이 만들어졌다.

먹거리에 대한 이런 각성은 점차 미국 내 다른 지역들로도 번져나갔다. 인근 지역에서 생산되는 유기농 재료를 사용하는 식당이 점점 늘어났다. 각 주의 지역사회에 농산물 직판장이 생겨났다. 그곳에서 소비자들은 자신이 먹을 음식을 재배한 이들을 직접 만났다. 내가 보기에 이처럼 점차 확산되는 '농장에서 식탁으로 운동farm-to-table movement'(직접 길렀거나 인근 지역에서 생산된 건강한 식재료를 소비하자는 로컬푸드운동-옮긴이)에 참여하고 이를 촉진하는 가장 좋은 방법은 그 시장의 농부들을 직접 지원하는 것이었다.

지구적으로 생각하고 지역적으로 행동하라

나는 1988년에 카를로 페트리니Carlo Petrini를 알게 됐다. 이탈리아의 풀뿌리 조직이자 슬로푸드운동의 본산인 슬로푸드인터내셔널Slow Food International을 창설한 카를로는 멋진 철학자이며 탁월한 비전가였다. 물론 지금도 여전히 그렇다. 그는 전통적인 삶의 방식을 지키기 위한 글로벌 음식운동global food activism에 남다른 열정을 갖고 있었다. 생물 다양성이나 지속 가능성 같은 복잡한 이슈들과 식탁에 오르는 음식이 어떻게 연결돼 있는지 비유적 표현을 사용해 일깨우곤 했다. 그의 원대한 아이디어와 혜안은 내게 강렬한 충격을 주었으며 셰파니스를 열길 잘했다는 확신도 느끼게 했다. 일례로 슬로푸드인터내셔널은 사라질 위기에 처한 세계 각지의 전통 음식과 식재료를 수집하고 지키는 '맛의 방주Ark of Taste' 프로젝트를 시작했다.

나는 카를로의 슬로푸드운동에 적극적으로 동참했으며, 그 과정에서 세계의 음식운동가들과 만나 교류했다. 에티오피아의 농부, 가나의 치즈 제조업자, 네팔의 토종 씨앗 운동가, 일본의 벼 재배 농부를 만났다. 하나같이 세상을 점령해가는 패스트푸드 산업에 맞서 지역의 전통과 고유한 먹거리를 보존하려 애쓰는 이들이었다. 그들과 교류하면서 우리 모두가 직면한 글로벌 이슈들을 한층 깊이 체감했다. 세계 곳곳의 많은 사람이 이곳 미국에서 우리가 해결하려 애쓰는 것과 똑같은 문제를 고민하고 있다니, 한편으론 놀랍고 한편으론 가슴이 뛰었다.

나는 글로벌 음식운동의 진정한 일원이 될 가능성을 느꼈다. 1970년대 환경운동의 유명한 슬로건 '지구적으로 생각하고 지역적으로 행동하라'가 마음속에 떠올랐다.

하지만 내가 사는 버클리에서는 도시 외곽으로 10킬로미터를 나가도 여전히 패스트푸드 식당이 보였고 산업용 개발 구역이 눈앞에 펼쳐졌다. 그것들은 암세포처럼 퍼져 시골 풍경을 잠식하고 있었다. 나는 이런 생각을 떨칠 수 없었다. 문화 전반에 영향을 미쳐 더 커다란 변화에 기여하지 못한다면 셰파니스 같은 식당들에서 하는 노력이 무슨 소용이란 말인가? 셰파니스는 홀로 고립된 섬이어서는 안 되었다. 나는 우리가 그동안 깨달은 교훈과 실천해온 방법을 세상 사람들과 공유할 방법을 궁리했다. 어떻게 하면 더 의미 있는 기여를 할 수 있을까?

1990년대 중반, 성장하는 딸아이와 친구들을 지켜보면서 학교야말로 진정한 기회가 존재하는 곳이라는 생각이 들었다. 주변의 패스트푸드 세상에 세뇌당하기 전에 우리가 아이들에게 영향을 미칠 수 있다면 오래도록 지속 가능한 변화를 만들어낼 수 있지 않을까?

나는 당장 움직였다. 버클리의 마틴루서킹주니어중학교 교장을 설득해 교내 공터에서 아이들이 직접 텃밭을 가꾸는 '에더블 스쿨야드 프로젝트Edible Schoolyard Project'를 시작했다. 이 학교에는 집에 가면 스물두 가지의 다른 언어를 사용하는 6~8학년생 1,000여 명이 다녔다. 나는 셰파니스를 열기 전에 몬테소리 교사로 일했기 때문에 직접 밭을 가꾸고 요리하는 체험형 교과과정이 아이들에게 상당히 긍정적인 영향을 줄 것으로 믿었다. 의미 있는 변화가 일어나리라는 직감이 왔다. 하지만 텃밭 교실과 요리하는 교실, 변화한 교내 급식이 수많은 공립학교를 지금처럼 변화시키게 되리라고는 상상하지 못했다.

미국에서는 제2차 세계대전 때 전국적인 텃밭 가꾸기 운동이 일어났다. 1950년대에는 냉동식품의 인기가 치솟았고, 1960년대에는 혁명적 운동이 온 나라를 휩쓸었으며, 1980년대 이후에는 패스트푸드가 사람들의 입맛을 장악했다. 나는 식당을 운영하고 에더블 스쿨야드 프로젝트를 진행하면서 음식이 우리의 삶을 변화시키는 힘을 가졌다는 사실을 거듭 깨달았다. 긍정적인 변화든 부정적인 변화든 말이다. 음식은 우리의 지역사회를 발전시키고, 사회 제도를 인간답게 만드는 데 기여하고, 파괴된 환경을 치유할 수 있다. 음식은 우리의 건강과 지구를 망가트릴 수도 있다.

우리는 산업화된 음식 시스템 탓에 사람들의 삶과 환경이 오염되고 퇴보하는 현상을 미국뿐 아니라 전 세계에서 목격하고 있다.

나는 우리가 어떻게 해서 이런 현실에 이르렀는지 되짚어볼 것이다. 이 책은 먹거리가 우리의 개인적 삶과 이 세상에 미치는 영향을, 그리고 올바른 방향으로 항로를 수정하기 위해 우리가 할 수 있는 일을 천명하는 선언문이다. 이 책은 학술서도 아니고 복잡한 주석이나 참고 문헌도 없다. 모든 내용은 전적으로 내 경험에서 나온 것이다. 무엇을 어떻게 먹느냐가 우리의 삶을 결정한다. 그것이 내 삶을 이끌어가는 철학이다.

A SLOW FOOD

We are what we eat

1부

패스트푸드 문화

약 200년 전 프랑스의 법률가 겸 미식가 장 앙텔름 브리야사바랭Jean Anthelme Brillat-Savarin은 말했다. "나라의 운명은 국민들이 무엇을 먹느냐에 달렸다." 이 말은 항상 내게 큰 울림을 준다. 예전에는 이것을 그저 음식과 요리에 관한 말로만 여겼다. 그러나 시간이 흐르면서 브리야사바랭이 훨씬 더 중요하고 심오한 뭔가를 말한 것이라는 생각이 들었다. 우리의 식습관과 이 세상이 근본적으로 연결돼 있다고 말하고 싶었던 것이 아닐까? 그는 우리의 식생활이 각자의 삶뿐 아니라 사회와 환경에, 지구 전체에 영향을 미친다는 사실을 분명하게 인식하고 있었던 것 같다.

 만일 그가 지금 살아 있다면 한 걸음 더 나아가 이렇게 말했을지 모른다. "이 세계의 운명은 우리가 어떤 음식을 먹느냐에 달렸다."

브리야사바랭이라면 오늘날 우리가 겪는 많은 심각한 문제가 본질적으로 음식과 연관돼 있다는 진단을 내릴 것이다. 단순히 빈곤과 굶주림, 질병, 농업의 쇠퇴 같은 문제들을 말하는 것이 아니다. 진지하게 생각해보면 중독, 우울증, 수자원 부족, 노동 착취, 이민 관련 이슈, 정치적 부도덕, 기후변화의 위협 등 모든 문제가 우리가 먹는 음식 및 그것을 제공하는 시스템과 어떤 식으로든 연결돼 있음을 알 수 있다.

모든 것을 음식으로 귀결시키려는 환원주의적 관점처럼 들릴지도 모른다. 그러나 내가 말하는 모든 문제는 일종의 심각한 전신성 질환 systemic condition 이 가져온 결과다. 만약 널리 만연한 이 병을 해결하지 않는다면 우리가 아무리 좋은 의도를 갖고 세상의 문제들을 해결하려 노력한다고 해도 역부족일 것이다.

사실 지금도 우리의 노력은 부족하기만 하다. 이 심각한 상황을 똑바로 직시하지 않는다면 증상만 없앨 뿐 질병의 근본 원인은 해결하지 못할 것이다.

우리가 겪는 모든 문제의 기저에 놓인, 그 심각한 전신성 질환이란 무엇일까?

패스트푸드 가치관이 문제의 시작이다

나의 영웅이자 이 시대의 탁월한 진실 폭로자인 에릭 슐로서Eric Schlosser는 미국이라는 패스트푸드 제국의 실상을 세상에 알렸다. 슬프게도 패스트푸드는 미국인 대부분이 일용하는 양식이 돼버렸다. 통계에 따르면 미국에서는 매일 약 8,500만 명이 패스트푸드 식당을 이용한다. 하지만 나는 '패스트푸드'의 정의를 맥도날드나 피자헛, 써브웨이 같은 곳에서 파는 음식에만 국한해서는 안 된다고 생각한다. 제초제와 살충제를 이용해 재배한 식재료, 공장에서 대량 생산한 음식, 첨가물과 방부제로 가공 처리한 모든 음식이 패스트푸드다. 그런 음식은 당신이 오늘 다녀온 마트의 진열대에도 있고, 편의점에도 있고, 집에 앉아 배달 앱으로 편리하게 주문하는 메뉴에도 있다.

또 한 가지, 우리가 간과하기 쉬운 점이 있다. 패스트푸드가 단순히 음식 자체만 뜻하지는 않는다는 사실이다. 패스트푸드는 문화를 나타내는 말이기도 하다.

문화는 우리가 세상을 보는 방식에 영향을 미친다. 우리가 세상 안에서 살아가는 방식, 자신을 바라보거나 표현하는 방식, 타인과 교류하는 방식, 우리의 믿음과 신념에도 영향을 미친다. 입을 옷을 결정할 때, 사고팔 물건을 선택할 때, 사업을 운영할 때도 우리는 문화의 영향력 안에서 움직인다. 또한 문화는 집·건축물·공원·학교를 만드는 방식에도 영향을 미치고, 연예계와 언론계와 정치에도 영향을 미친다. 한마디로 문화는 우리의 삶을 지탱하는 보이지 않는 도덕적 구조물로, 우리가 하는 모든 활동에 영향력을 행사한다. 그런데 미국에서는 패스트푸드 문화가 지배적 문화가 되었고, 이제는 다른 많은 나라도 그렇게 되어가고 있다.

이는 모든 문화가 그렇듯 패스트푸드 문화에도 고유한 일단의 가치관이 존재하기 때문이다. 이른바 '패스트푸드 가치관'이다. 가치관은 행동을 결정하고, 행동은 결국 문화를 형성한다. 당신이 패스트푸드 식당에서 밥을 먹는다고 치자. 그러면 형편없는 영양분만 섭취하는 것이 아니라 자신도 모르는 사이에 패스트푸드 문화의 가치관도 흡수한다. 그 가치관은 음식과 마찬가지로 당신의 일부가 된다. 그리고 당신의 일부가 된 그 가치관은 당신을 변화시킨다. 당신은 사물과 현상을 다른 관점으로 보기 시작하고, 다른 갈망을 갖게 되고, 다른 도덕적 기준과 기대치를 갖게 된다. 이제 패스트푸드 문화가 당신의 욕구를 설정하고 조정한다. 하지만 당신은 알아채지 못할 것이다. 그 프로세스가 무의식적으로 진행되는 탓이다. 그럼에도 삶의 곳곳에서 당신이 이미 흡수한 가치관이 작동하게 된다. 이내 당신은 다음과 같은 가치관을 진실로 받아들이기 시작한다. 언제든지 모든 것을 구할 수 있어야 한다. 늘 많을수록 더 좋다. 계절이나 지역과 상관없이 음식의 모양과 맛이 일정해야 한다. 시간이 돈이므로 속도가 무엇보다 중요하다. 음식이든 또 다른 무엇이든 우리의 선택은 세상에 별 영향을 미치지 않는다.

패스트푸드 문화와 그 중심에 있는 가치관. 이것이 지금 우리가 직면한 모든 문제의 근원적 뿌리다. 우리는 패스트푸드 가치들이 초래하는 결과를 신중하게 살펴봐야 한다. 그래야 변화를 위해 무엇을 해야 할지도 알 수 있다.

We are what we eat

편리함에 중독된 세상

편리함은 모든 것을 힘들이지 않고 쉽게 할 수 있어야 한다는 가치관이다. 스마트폰으로 터치 몇 번만 하면 현관 앞까지 음식이 배달되는 세상이다. 고속도로에서 잠깐 빠져나가 드라이브스루 식당에 가면 순식간에 치킨 너겟이 준비된다. 편리함은 효율성과 여유 시간을 가져다준다. '빠르고, 싸고, 쉬운'에서 '쉬운'에 해당하는 가치다. 편리함은 삶의 많은 부분을 수월하게 해준다. 그러나 편리함에 중독되면 문제가 생긴다. 쉽게 할 수 없는 일은 '굳이 왜 해야 하지?'라고 생각하게 된다. 편리함은 우리의 진정한 욕구를 잊게 하고 뭔가를 스스로 해내는 능력을 잃게 한다.

편리한 제품들이 우리 삶의 질을 크게 향상시켰다는 것은 이론의 여지가 없는 사실이다. 트랙터, 세탁기, 식기세척기, 냉동식품, 스마트폰, 음성인식 비서 시리와 알렉사를 생각해보라. 이것들 덕분에 우리는 더 효율적인 삶을 살 수 있다. 수고를 훨씬 덜 들이고도 더 많은 일을 할 수 있다. 내가 어렸을 때는 시어스로벅Sears, Roebuck and Company의 카탈로그가 있었다. 나는 이 카탈로그가 집에 도착하면 한참을 빠져 들여다보곤 했다. 거기에는 장난감, 정원용품, 진공청소기, 옷, 보청기, TV까지 그야말로 없는 게 없었다. 심지어 조립식 주택도 구입할 수 있었다. 두께도 백과사전만큼이나 두꺼웠다. 1887년 처음 등장한 시어스로벅 카탈로그는 1950년대까지 각 가정에서 물건을 주문해 우편으로 배달받는 획기적인 편리함을 제공했다. 시골 농부도 이 카탈로그를 보고 가축 사료를 주문했다.

그러나 삶을 더 편리하게 해주는 혁신적 아이디어였던 카탈로그 주문도 세월이 흐르자 전혀 편리하지 않은 방식이 되었다. 오늘날 우리가 누리는 편리함은 그 시대와 비교도 되지 않는다. 심지어 요즘은 재료를 사서 음식을 만들어 먹는 일조차 잘 하지 않는다. 너무 어렵고 시간도 많이 든다고 여기는 탓이다. 어떤 이들은 집 밖으로 나가 장을 보는 것도 싫어한다. 편리함을 추구하는 우리는 쉬운 방법을, 어떤 식으로든 내가 직접 하는 대신 '남에게 맡길' 방법을 찾는다. 우리는 먹거리를 키우는 것처럼 실용적이면서도 수고가 필요한 일을 하는 법을 잊어가고 있다. 또는 배우려 하지 않는다. 하지만 어쩌겠는가. 씨앗을 뿌려 식물을 재배하는 과정은 본질상 불편한 일이니 말이다. 정성껏 물을 주고 늘 세심하게 보살피면서 그 모든 노력이 결실을 볼 때까지 기다려야 한다. 게다가 우리가 통제할 수 없는 요인들도 영향을 미친다. 직거래 장터도 불편하다. 원하는 식재료가 없을 수도 있고 정해진 기간에만 열리니까.

나는 1965년 프랑스 유학 생활 중에 프랑스 음식과 사랑에 빠졌다. 그곳 사람들이 장을 보고 요리하고 먹는 방식은 내가 알던 식생활과 완전히 달랐다. 그들의 식생활 습관과 절차는 시간이 오래 걸리는 방식이었지만, 그들은 맛있는 음식과 더 의미 깊은 삶을 누리고 있었다. 내 안에서 뭔가가 '반짝' 하고 켜지는 기분이었다. 흙과 가까운 느린 삶의 방식이 가슴 깊이 와닿았다. 그들은 매일 장을 보고 잘 익은 신선한 제철 채소로 요리한 음식을 먹었다. 그것은 미국의 풍경과 사뭇 달랐다. 미국인들은 일주일에 한 번 마트에 가서 잔뜩 사 오면 끝이었다. 나는 유학 생활을 끝내고 돌아와서도 프랑스에서 배운 방식을 계속 유지했다. 도심에서 떨어진, 일본인이 운영하는 작은 농산물 가게를 다녔고, 차를 몰고 샌프란시스코까지 가서 마치 순례하듯 프랑스식 돼지고기 식품점과 최상급 올리브 및 오일을 파는 이탈리아식 상점에 다녀오곤 했다.

지금도 뭔가를 구매할 때, 아니 무엇을 할 때든 편리함은 거의 따지지 않는다. 내게는 사람들을 직접 만나는 경험과 공동체 의식이 더 중요하다. 나는 우리 지역의 정육점과 농산물 직거래 장터에 가는 일이 늘 기다려진다. 애크미Acme 베이커리의 빵 냄새를 사랑한다. 그런 경험이 주는 크나큰 즐거움과 깨달음은 내가 남들은 번거롭다고 여기는 무언가를 시간을 내서 기꺼이 하게 되는 동력이다. 식재료를 직접 만지고 냄새 맡고 느끼는 일, 그것을 기른 농부와 이야기를 나누는 일, 시장에서 사람들을 만나 사귀는 일, 이 모든 경험이 얼마나 삶을 풍요롭게 하는지 사람들에게 알려줄 수 있다면 얼마나 좋을까. 이런 삶의 방식을 택하지 않았다면 지금 내 생활의 일부인 많은 감각 경험들은 결코 내게 오지 못했을 것이다. 그리고 물론 공동체 감각도 느끼지 못했을 것이다.

편리함에 지배당하는 삶

세파니스를 처음 열었을 때 나와 직원들은 열정이 넘쳤다. 하지만 정식 요리 교육을 받은 적은 없었다. 우리는 요리를 하고 식당을 운영하는 전문적이고 '편리한' 방식을 몰랐다. 우리를 가르친 것은 프랑스의 전통 요리책들이었고, 우리는 '올바른' 방식으로 음식을 만들겠다는 확고한 신념을 갖고 있었다. 물론 결코 쉽지는 않았다. 당시 우리는 요리 연구가 엘리자베스 데이비드 Elizabeth David, 리처드 올니 Richard Olney, 오귀스트 에스코피에 Auguste Escoffier 가 쓴 프랑스 요리에 관한 책들을 열심히 봤다. 조리 과정을 아주 상세하게 설명한 줄리아 차일드 Julia Child 도 빼놓을 수 없다. 줄리아 차일드는 빵 하나를 구워도 모든 단계 하나하나에 정성을 쏟았다. 빵을 완성하는 데 종일이 걸리기도 했다. 그렇게 세심하게 집중하며 음식에 정성을 기울이는 태도는 나와 셰파니스 요리사들에게 많은 것을 일깨워줬다.

당시 우리는 집에서 만드는 것처럼 음식을 만들었다. 그랬기에 메뉴가 한 가지뿐이었다. 집에서 요리하는 방식을 그대로 사용했다. 기계를 쓰는 방식에 신뢰가 안 갔고 주방이 시끄러운 소리로 가득해지는 것도 싫었다. 처음 문을 열었을 때는 주방에 기계가 전혀 없었다. 나중에는 우리도 식당용 블렌더를 구입했고 그 덕분에 조리 과정이 더 편해지기는 했다. 예전에는 수프 재료를 으깰 때 매번 커다란 수동식 분쇄기를 사용했다. 얼마 지나지 않아 누군가가 우리에게 쿠진아트Cuisinart 제품을 소개해줬다. 하지만 우리는 그걸 빵가루 만들 때만 사용했다. 푸드 프로세서로 빵가루를 만들면 '정말로' 편리하긴 하다. 그렇다 해도 기계로 음식을 만들면 너무 많은 것을 놓치게 된다. 손으로 재료를 갈고 빻아서 페스토소스를 만드는 과정은 우리의 오감을 자극한다. 샐러드 재료를 씻고, 콩 꼬투리를 벗기고, 파스타 반죽을 밀고, 불을 피우는 행위에서 우리는 많은 걸 배우게 된다.

50년이 지난 지금도 우리 식당에서는 여전히 이런 '불편한' 방법으로 음식을 만든다. 손으로 하나하나 채소를 씻어 분류하고 키친타월로 물기를 제거한다. 우리는 일을 쉽게 하겠다고 지름길을 택하지 않는다.

우리는 왜 요리를 하지 않는가

패스트푸드 산업은 우리가 음식 만드는 것이 힘들고 귀찮은 일이라고, 요리는 '노동'일 뿐이라고 생각하기를 바란다. 그래야 노동을 대신 해주는 제품을 팔 수 있기 때문이다. 그리고 그들은 우리를 설득하는 데 성공했다. 우리는 음식 만드는 일 앞에서 갈수록 참을성이 부족해지고 있다. 최대한 쉽고 간편한 방식을 선호한다. 음식 만들기를 시도나 한다면 다행이라고 할 정도다. 우리에게서 요리라는 '노동'을 덜어주기 위해 기업들은 지난 60년간 조리 과정을 능률적으로 만들어주는 온갖 도구와 포장 식품을 생산해왔다.

1950년대에 뉴저지주의 우리 집에는 노동을 줄여주는 편리한 가전제품이 별로 없었다. 그런 제품이라곤 바나나 밀크셰이크를 만들 때 쓰는 전기 블렌더뿐이었다. 하지만 간단히 조리할 수 있는 가공식품이나 인스턴트식품은 꽤 있었다. 젤로Jell-O, 정킷Junket에서 나온 가루형 디저트 믹스, 스틱 모양의 냉동 생선튀김 등. 우리 어머니는 말 그대로 편리함을 위해 그런 식품을 사용했다. 밥을 해서 먹여야 하는 식구가 여섯이나 되는 데다 빨래, 다리미질, 청소 등 집안일도 산더미였기 때문이다. 그리고 결정적으로 결혼 전에 요리를 배운 적이 없었다. 온 가족을 식탁으로 불러 모으는, 맛있는 음식을 만들 줄 아는 사람이 없는 가정에서 자랐기 때문이다. 그렇다 보니 어머니는 간편한 가공식품의 유혹에 취약할 수밖에 없었다. 그랬던 분이 세월이 흘러 내가 셰파니스를 시작한 후에는 식생활과 요리 습관을 바꾸고 유기농 밭을 가꾸는 진지한 요리사가 되었으니, 어머니에게 칭찬의 박수를 보내고 싶다. 물론 이제는 대가족을 직접 먹이고 보살필 책임에서 벗어났다는 사실도 한몫했을 것이다.

편리한 주방 도구와 기계는 마음이 확 끌릴 만하다. 일례로 캡슐 커피 머신을 생각해보라. 일회용 플라스틱 캡슐을 집어넣고 버튼만 누르면 순식간에 따뜻한 커피 한 잔이 만들어진다. 얼마나 편리한가! 기업들이 이런 기계로 우리를 유혹하는 데 성공하는 이유는 분명히 있다. 우리가 너무 바쁘기 때문이다. 일을 하고, 아이들과 시간을 보내고, 식사 준비까지 하려면 스물네 시간도 부족하다. 늘 시간에 쫓기다 보니 더 편하고 빠른 방법이 필요해진다. 이런 기계는 시간을 절약해준다.

이런 기계가 있으면 든든하다고 느낀다. 1950년대에 저녁을 준비하는 여성들에게 냉동식품이 든든한 지원군이었던 것처럼 말이다. 물론 지금도 많은 이들이 냉동식품에 의존한다.

하지만 편리한 가전제품에만 의존해 음식을 만들기 시작하면 요리가 '실제로' 힘든 노동이 된다. 사람들은 지름길만 택하게 된다. 식사를 준비하는 과정에서 실제로 음식을 만드는 행위가 점점 줄어든다. 하지만 이걸 기억해야 한다. 음식과 적극적으로 교감하는 경험, 즉 맛을 보고 간과 풍미를 조절하고 그 과정에서 오감을 통해 배우는 경험은 당신에게 많은 것을 가져다준다. 재료를 구해서 손질해 정성껏 조리하고 그것을 사람들에게 먹이는 일은 당신에게 자부심과 만족감을 준다. 그러나 조리 과정의 모든 부분을 자동화하고 기계화한다면, 당신이 아니라 다른 누군가가 요리를 한 것과 마찬가지다. 요즘 요리를 좋아하는 사람이 없는 것도 이상한 일이 아니다. 실제로 아무도 요리를 하지 않으니 말이다! 그런 식으로 악순환이 계속된다.

요즘은 음식 배달 앱이 인기다. 심리스Seamless, 도어대시DoorDash, 그럽허브Grubhub, 우버이츠Uber Eats 등 업체도 다양하다. 배달 앱은 우리에게 또 다른 수준의 편리함을 제공한다. 물론 음식을 배달시켜 먹고 싶을 때가 있다는 건 이해가 간다. 몸이 아플 수도 있고, 퇴근 후 파김치가 돼서 손가락 하나 까딱하고 싶지 않을 때도 있다. 또 때로는 배달 음식이 꼭 필요한 상황도 있다. 코로나19로 집에 격리된 경우처럼 말이다. 하지만 항상 배달 음식에 의존하는 사람은 인간으로서 누릴 수 있는, 그리고 마땅히 누려야 하는 경험을 하나도 갖지 못하게 된다. 자기 입으로 들어가는 음식의 재료가 어디서 온 것인지도 알기 힘들다. 그리고 이 질문을 던져보라. 편리한 방법을 택한 덕에 만들어진 그 여유 시간에 당신은 무엇을 하는가? 당신은 무엇을 위해 시간을 절약했는가?

편리함과 속도 사이에서

편리함과 속도는 떼려야 뗄 수 없는 패스트푸드 가치다. 빠르면 당연히 편리하다. 패스트푸드 드라이브스루를 이용하면 얼마나 편리한지 생각해보라. 하지만 속도와 편리함 사이에는 미묘하면서도 중요한 차이가 있다. 왜 사람들은 지하철을 타면 목적지에 훨씬 더 빨리 도착할 수 있는데도 길거리에서 우버 차량을 기다릴까? 15분이면 근처 슈퍼에서 치약을 사 올 수 있는데도 어째서 하루를 기다려서 택배로 받을까? 때로 편리함에 대한 욕구는 속도에 대한 욕구를 능가한다. 그만큼 편리함은 우리에게 중요한 뭔가가 되어버렸다.

편리함에 의존하기 시작하면 삶의 모든 영역에서 수동적이고 무지한 존재가 되기 쉽다. 때로는 남이 대신 생각해주는 것이 더 편리하게 느껴진다. 게다가 편리함은 얼핏 생각하기엔 전혀 해롭지 않은 가치 같다. 어떨 때는 편리함을 실현하는 것이 곧 미래로 향하는 길처럼 느껴진다.

컬럼비아대학교 로스쿨 교수 팀 우$^{Tim Wu}$의 말을 인용하는 것으로 이 장을 마무리해야겠다. 그는 〈뉴욕타임스〉에 기고한 '편리함의 횡포$^{The Tyranny of Convenience}$'라는 제목의 탁월한 글에서 이렇게 썼다.

"편리함이라는 가치가 지닌 영향력이 매우 과소평가되고 있다. … 온갖 일을 더 쉽게 할 수 있게 되자 편리함에 대한 기대치가 높아져 세상 모든 것에 압력을 가한다. 편리하지 않으면 사람들에게 외면당한다. 신속함에 길든 우리의 삶이 퇴보하고 있다. 많은 노력과 시간이 들어가는 구식 프로세스는 짜증을 유발한다. 줄을 설 필요 없이 휴대전화로 콘서트 표를 살 수 있는 세상이므로 선거 날 투표하기 위해 줄을 서려면 짜증이 난다. … 편리함을 추종하는 현재의 문화에서는 어려움이 인간 경험을 구성하는 본질적 특성이라는 사실을 인정하지 않는다. 편리함이라는 가치에는 목적지만 있을 뿐 과정이 없다. 그러나 똑같이 정상에 도착한다고 할지라도 걸어서 산을 오르는 것과 케이블카를 타고 가는 것은 다르다. 우리는 결과만 중시하는 사람들이 되어가고 있다. 우리는 인생의 대부분을 케이블카만 타며 보낼 위험에 직면해 있다."

We are what we eat

개성을 말살하는 획일성의 문제

획일성이라는 가치는 형태와 맛이 어디에서든 똑같을 것을 요구한다. 뉴욕에서 먹은 햄버거와 프렌치프라이, 청량음료가 세계 어딜 가나 똑같아야 한다. 그렇지 않으면 뭔가 잘못된 것, 의심스러운 것이다. 많은 이들이 균일한 품질을 당연하게 여기고 실제로도 매우 선호한다. 낯선 장소에서 똑같은 품질을 만났을 때 우리는 안심한다. 그것은 현대적인 것이고 예측 가능하며 안전하다. 그러나 모든 제품, 특히 음식을 일관되고 예측 가능하게, 즉 획일적으로 만들려면 그 과정에서 많은 것을 잃거나 타협할 수밖에 없다. 많은 중요한 것을 간과하거나 허비하게 된다. 획일성이라는 가치가 문화 전반에 퍼지면 개성의 상실이나 획일성에 대한 순응, 사회적 통제 경향 같은 어두운 문제가 가려지고 만다.

20년 전쯤 식당을 운영하는 지인이 내게 토마토 시식을 해달라고 부탁했다. 가서 보니 유전자 변형 토마토가 준비돼 있었다. 운송용 포장에 적합한 모양으로 생산된 토마토였다. 껍질이나 질감, 색깔 모두 이상적인 품질이었다. 우리는 유전자 변형 토마토와 유기농 토마토를 비교해볼 기회에 흥분한 마음을 감추지 못했다. 유전자 변형 토마토는 식탁 위에 있는 빨갛고 동그란 다른 토마토들과 제법 잘 어울렸다. 마치 픽사 애니메이션에 등장할 것 같은, 예쁘고 이상적인 토마토였다. 하지만 잘라서 맛을 보니 의문이 들었다. 그다지 훌륭한 맛이 아니었다. 맛이 없지는 않았지만 특별한 느낌이 없었다. 유전자 변형 토마토는 균형 잡힌 형태, 색깔, 촉감 등 균일한 품질을 위한 모든 기준을 충족시켰지만 중요한 뭔가가 빠져 있었다. 유전자 변형 방식으로 생산돼서 뛰어난 맛일 거라고 기대했던 우리는 왠지 속은 기분이었다.

산업화된 식품 시스템에서는 효율적인 생산과 관리를 위해 획일성이 필요하다. 예를 들어 요리사가 모양이 제각각이고 천연 재료가 들어간 빵 반죽을 한 덩어리씩 빚어 정성을 기울이며 전통적인 오븐에 굽는 것보다 컨베이어벨트 공정으로 규격화된 빵을 만드는 방식이 훨씬 더 빠르고 생산 비용도 낮다. 더 편리한 것은 말할 것도 없다. 기계적인 절차에 따라 전부 똑같은 크기와 모양, 색깔로 생산하면 치즈가 '완성됐는지' 판단하기도 더 수월하다.

'예쁘게 생긴' 채소를 만들기 위해 세계 곳곳의 산업화된 농장에서는 엄격하게 관리하는 온실 환경에서 제초제와 농약을 다량 사용해 작물을 재배한다. 내게 큰 충격을 준 다큐멘터리 영화가 있다. 오스트리아 감독 니콜라우스 가이어할터Nikolaus Geyrhalter가 2005년에 제작한 〈우리의 일용할 양식Our Daily Bread〉이다. 이 다큐멘터리에는 동유럽 각지의 온실에서 일하는 사람들(대부분 이민 노동자다)의 노동 환경이 담겨 있다. 이들은 머리부터 발끝까지 보호복을 입고 식물의 생장과 균일한 상품성을 관리하기 위한 농약을 작물에 살포한다. 요즘에는 로봇을 이용해 작물을 관리하고 수확하는 곳도 많다. 먹거리 시스템에 획일성을 주입하는 또 다른 방법이다. 이런 온실에서는 채소와 과일이 자연스러운 흠집도 나지 않고 계절 변화에도 영향을 받지 않는다. 예를 들어 마트 진열대에 놓였을 때 신선하다는 느낌을 주기 위한, 딸기 꼭지 주변의 녹색 잎을 더 쉽게 보존할 수 있다. 토마토의 모든 줄기는 수확했을 때 마치 방금 딴 것처럼 보이도록 모양이 잡혀 재배된다.

유기농 재배에서는 그런 균일한 생산물을 만들기가 불가능하다. 유기농 재배의 핵심은 작물이 충분히 자랐거나 익었을 때 개별적으로 수확하는 것이기 때문이다. 절대로 똑같은 크기나 모양으로 자라지도 않는다. 일반적으로 '유기농 먹거리'란 농약이나 제초제를 사용하지 않고 재배한 농산물을 뜻한다. 그러나 나는 다른 많은 요소도 고려해 '유기농'을 정의해야 한다고 생각한다. 예컨대 식품에 감마선 처리를 하는지, 기계화된 경작 방식을 쓰는지, 유전자 변형 작물을 생산하는지, 농장 노동자들이 받는 대우는 어떤지 등을 따져봐야 한다. 이는 대다수 정책 입안자가 정의하는 유기농을 넘어서 농업 시스템을 더 넓은 시야로 조망하는 관점이다.

획일성은 안전과 관리라는 명목으로 실행되기도 한다. 예를 들어 유럽연합은 살균하지 않은 생우유를 사용하는 소규모 치즈 농가들이 지역 고유의 전통 치즈를 생산하는 일을 더 어렵게 만들었다. 농가들이 더 '표준화된' 시스템을 따라야 한다는 규제를 시행한 것이다. 25년 전, 그런 새로운 규제가 시행된 직후 나는 프랑스 피레네산맥에 있는 양 목장을 방문했다. 우리 일행은 목장 주인이 40여 마리의 양을 몰고, 휘파람으로 산에 올라간 양들을 불러들이고, 직접 젖을 짜고, 손으로 치즈를 만드는 과정을 구경했다. 그는 하루에 치즈 한 덩어리만 생산했다. 그가 만드는 치즈의 맛은 계절에 따라 달라졌다. 다시 말해 양이 무엇을 먹는지, 산 중턱에 어떤 풀과 꽃이 제철인지에 따라 치즈 맛도 달라졌다. 그 치즈의 맛은 단연 최고였으며 그곳 환경과 날씨만이 만들어낼 수 있는 고유한 제품이었다. 그 치즈 생산자에게 공장식 프로세스를 강요한다면 그는 생계를 잃게 된다. 그는 획일적인 표준화 방식을 따를 수가 없기 때문이다. 그렇게 되면 우리는 단순히 맛있는 음식만 잃는 것이 아니라 전통문화도 잃게 된다.

획일성은 먹거리의 다양성을 감소시킨다. 개성이 강하고 생산하기 어려운 식품은 자꾸 사라지고, 능률적인 방식으로 제조할 수 있는 먹거리의 생산이 장려된다. 단일 경작 농업의 확산은 획일성을 보여주는 대표적인 예다. 농업역사학자들의 말에 따르면, 과거에 아이오와주는 원예학적으로 매우 풍부한 식생을 자랑하는 지역이었다. 제2차 세계대전 전까지만 해도 미국에서 생물 다양성이 매우 높은 주로 꼽혔다. 하지만 현재 아이오와주의 농업은 두 종류의 작물에 집중돼 있다. 콩과 옥수수다. 단일 작물을 재배하면 농부의 수익성이 높아지고 고르지 않게 자라는 식물을 선별해 관리하기도 더 쉬운 것은 사실이다. 그러나 생물 다양성이 없어지면 병충해와 질병에 대한 식물 집단의 자연 저항력이 약해진다. 식물이 건강하게 자라는 데 꼭 필요한, 생물 간 상호 의존 활동이 사라지는 탓이다.

단일 식물만 자라는 것은 원래 자연에 존재하지 않는 개념이다. 그리고 병충해 때문에 농약을 많이 사용하면 토양의 질이 떨어지며, 그런 흙에서는 단일 경작 품종에 해당하지 않는 작물을 재배하기가 더 힘들어지고 병충해에도 취약해진다. 사실 생물 다양성이 줄어들수록 단일 경작을 통해 대량으로 생산하는 작물의 재배가 실패할 위험이 커지므로 세계의 식량 공급량에 적신호가 켜질 수 있다.

작물 품종의 감소도 문제다. 1980년대에 텍사스주 농무부 장관이었던 짐 하이타워Jim Hightower는 모두가 시장 효율성만 추구한 탓에 우리가 마트 진열대에서 만나는 채소의 종류가 줄어들었다고 지적했다. 한 연구에서는 1903년 미국의 종묘상들에서 판매되던 씨앗 품종과 1983년 국립종자보관연구소National Seed Storage Laboratory에 등록된 품종을 비교했다. 66개 작물군을 조사한 결과 1903년에 존재하던 품종의 93퍼센트가 사라진 것으로 나타났다. 불과 80년 사이에 일어난 일이다. 또한 게리 나반Gary Nabhan을 비롯한 민족식물학자들은 인간과 식물 사이의 복잡한 상호 관계를, 그리고 이 같은 식물 다양성의 급격한 감소가 인간에게 미치는 영향을 연구해왔다. 나반은 작물 다양성의 상실이 문화적 다양성의 상실과 직결된다고 강조한다. 세계 곳곳의 식단이 균질화되면서 전통적 지역 농업과 건강한 식단이 소외되는 결과를 초래했다는 것이다.

다양성이 존중되어야 하는 이유

획일성이 우리 삶의 일부가 되고 문화 전반에 퍼지면 다양성을 질식시킬 수 있다. 획일성이 두드러지게 목격되는 곳은 공항이다. 미국 내 어느 공항에 가든 똑같은 음식점과 편의점이 있다. 쇼핑몰과 오락 시설도 세계 어딜 가나 비슷비슷한 모양과 분위기다. 그런 쇼핑몰 중 일부는 인기를 끌지 못하지만 이제 획일성은 온라인 쇼핑몰도 점령했다. 공장과 창고, 도축장 역시 산업적 획일성을 실현할 수 있도록 설계되고 건축된다. 주변 환경, 지역사회, 자원 가용성, 폐기물 처리 방식 등 해당 장소 고유의 문제들을 고려하는 것보다 무조건 똑같은 종류의 건물과 창고를 짓는 것이 더 효율적이다. '이 기계가 여기서 훌륭하게 작동했으니 당연히 저기서도 그럴 거야'라고 생각하기 쉽다. 건축과 설계 분야의 대량 생산 모델인 셈이다.

획일성은 고속도로에서도 목격된다. 도로를 달리다가 만나는 출구 표지판은 출구를 나가면 쉘Shell 주유소, 타코벨Taco Bell, 버거킹, 맥도날드, 세븐일레븐이 있다고 알려준다. 15킬로미터쯤 가면 표지판이 또 나온다. 역시 우리에게 익숙한 똑같은 브랜드들이다. 15킬로미터를 또 가도, 그리고 한참을 더 가도 같은 표지판이 보인다. 마치 무슨 타임 루프에라도 들어온 기분이다. 옛날 같았으면 놀랐을지 모르지만 이제는 놀랍지도 않다. 모든 도시가 다 비슷비슷하게 변해가고 있다. 모든 집 모양이 기계로 찍어낸 듯 똑같고 주변 환경을 엄격히 규제하는 주택 단지는 내가 보기엔 산업화된 농장의 주거지 버전이다.

사회 전반에서 획일성이라는 가치를 추구하는 세태는 사람이 사람을 대하는 방식에도 알게 모르게 스며들었다. 범죄자 형량 선고나 건강보험 옵션, 실업 수당에 이르기까지 모든 영역에서 활용되는 예측 알고리즘과 컴퓨터 기반의 통계 시스템은 인간의 편향된 판단을 제거하고 인력난에 시달리는 공공기관의 짐을 덜어주려는 목적을 갖고 있다. 그러나 실제로는 그런 획일적 시스템 탓에 각 개인의 상황을 간과하거나 무시하는 일이 빈번히 발생하고, 이는 사람들을 인종 등 정당하지 않은 이유로 차별하는 행위를 낳을 수 있다. 획일화된 방식과 가치가 사회를 지배하면, 우리는 사람들을 각기 다른 욕구와 특성을 가진 개인으로 대하는 법을 잊게 될 것이다.

We are what we eat

점점 사라지는 식재료의 계절감

우리는 스물네 시간 언제나 어디서든 원하는 것을 손에 넣을 수 있기를 기대한다. 12월에도 알래스카에서 복숭아를 먹을 수 있다. 케냐 나이로비에서 에비앙 생수를 살 수 있고, 두바이에서 초밥을 즐길 수 있다. 이런 제한 없는 접근성은 사람들을 잘못된 방식으로 길들일 뿐 아니라 자신이 어떤 시공간에 있는지도 잊게 한다. 언제든 모든 걸 구할 수 있는 세상에서는 계절이 무의미하다. 어떤 지역의 특산물이 무엇인지도 헷갈린다. 또는 별로 중요하지 않은 문제가 된다. 계절 및 장소가 만들어내는 특별한 가치와 지역 문화는 점점 잊히고, '언제든 원하는 것을 얻게 해 주는' 글로벌 시스템이 더 중요해진다. 더 나아가, 남들에게 스물네 시간 내내 접근 가능한 사람이 되어야 한다는 요구 탓에 우리의 개인적 삶도 사라지고 있다.

작년에 샌디에이고 근처에서 멋진 농장을 운영하는 친구 부부를 방문했다. 때는 한여름이었고, 부부는 농장 가판대에서 에얼룸 토마토^heirloom tomato('heirloom'은 '전통적으로 내려오는 가보'라는 뜻으로, 유전자 조작을 거치지 않은 순종 토마토를 말한다-옮긴이)를 팔았다. 다양한 품종과 색깔의 토마토들이 어찌나 예쁜지 감탄사가 절로 나왔다. 체로키 퍼플, 그린 지브라, 램블링 레드 스트라이프, 골드 스트라이프 등등. 어떤 여성이 가판대 근처에 차를 세웠다. 손에는 음식 레시피 같은 걸 들고 있었다. 그녀는 가판대를 쓱 보더니 이렇게 물었다.

"완두콩은 없나요?"

계절과 무관한 접근성에 익숙해진 현대인의 모습을 단적으로 보여주는 장면이었다(완두콩은 봄에 수확한다-옮긴이). 그것은 우리를 진짜 맛과 향에, 제철 식재료에 둔감해지게 한다. 원하는 식재료를 1년 내내 구할 수 있는 생활에 익숙해지면 계절이 없는 세상에서 사는 것과 다를 바가 없다. 작물의 특성이나 생장 주기를 알 리도 없다. 우리는 어느 지역에 살든 11월이나 1월에도, 4월에도 토마토를 먹을 수 있다. 물론 그런 토마토는 잘 익었을 때 수확한 진짜 토마토보다 맛이 떨어진다. 수천 킬로미터 떨어진 어딘가에서 운송돼 왔을 것이며, 영양성분도 여름에 수확한 토마토에 못 미친다. 유기농으로 재배됐을 가능성도 희박하다.

그런 토마토가 마트 진열대에서 언제나 우리를 기다리고 있다. 1년 내내 그런 이류 토마토만 먹으면 '진짜' 토마토를 알아보지 못한다. 그런 맛없는 토마토만 먹어온 사람이라면 "나는 토마토를 좋아해"라고 확신해서는 안 된다. 감각이 무뎌진 상태이기 때문이다. 우리는 매일 아침 시리얼에 넣는 블루베리가 품질 좋은 블루베리인지 덜 익은 블루베리인지 신경쓰지 않는다. 그렇게 아무 생각 없이 지내므로, 특정 재료들은 당연히 슈퍼마켓에 가면 늘 살 수 있다고 믿는다. 식재료에 관심이 없어지는 것도 당연하다. 우리는 식탁에 오른 음식의 재료가 어디에서 왔는지, 누가 재배했는지 생각해보지 않는다. 그저 눈앞에 보이는 것을 먹을 뿐이다. 먹거리를 키우고 보살피는 놀라운 활동은 우리 삶과 무관한 무엇이 된다.

어느 식당에서나 연중 어느 때고 상관없이 햄버거에 토마토 슬라이스를 넣는다. 그게 사람들이 기대하는 햄버거이기 때문이다. 우리는 햄버거라면 당연히 양상추와 토마토가 들어가고 프렌치프라이를 곁들여야 한다고 생각한다. 계절과 무관한 접근성이라는 측면에서 보면 감자와 프렌치프라이는 좀 흥미로운 사례다. 감자는 잘만 관리하면 상당히 오랜 기간 보관할 수 있고 미국에서는 1년 내내 수확이 가능하다. 하지만 세부적으로 들여다보면 차이가 있다. 연중 언제 수확하느냐에 따라 품종마다 수분 함량이 다르다. 따라서 그런 특성에 따라 조리 방법을 바꿔야 할 수도 있다. 예를 들어 제철 수확기 초반에 캔 러셋 감자russet potato는 수분 함량이 높은 편이라 채를 썰거나 얇게 잘라 튀기기에는 적합하지 않다. 그래서 우리 식당에서는 껍질을 벗겨 깍둑썰기한 감자를 삶은 뒤, 모서리가 약간 부드러워지면 꺼내서 프라이팬에 기름을 두르고 바삭하게 구워낸다. 물론 패스트푸드 대기업에서 택하는 방식은 다르다. 그들은 산업화된 농장에서 생산한 아이다호 감자Idaho potato를 공급받아 변색을 막기 위해 산성피로인산나트륨sodium acid pyrophosphate을 첨가한 뒤 기름에 튀겨 냉동한다. 그래서 우리가 계절과 장소에 상관없이 똑같은 감자튀김을 먹을 수 있는 것이다.

대부분 과일과 채소는 운송 과정에서 후숙돼도 더 맛있어지지 않는다. 몇몇 예외는 있다. 배와 아보카도는 후숙을 거치면 맛이 더 좋아진다. 그러나 대부분 과일은 충분히 익은 뒤 수확해야 가장 맛있다. 잘 익은 과일의 맛을 가짜로 만들어내기는 불가능하다. 설탕이나 시럽으로 맛을 잠깐 속일 수는 있지만, 한 나라에서 다른 나라로 운송한 복숭아를 나무에서 익힌 것처럼 만들 수는 없다. 산업화된 농가들은 복숭아가 다 익기 전에 수확해야 한다. 목적지에 도착하기 전에 너무 물러지면 안 되니 말이다. 온실 재배 덕분에 제철이 아닐 때도 신선한 복숭아를 먹을 수 있지만 그것은 인공적으로 만들어진 맛이다. 과일과 채소는 완전히 익은 후 땄을 때 영양이 가장 풍부하다. 가지에서 따는 그 순간부터 생명력이 감소하기 시작하는 탓이다.

제철이 아닌 농산물을 먹으려는 우리의 욕구 때문에, 그동안 과일과 채소가 운송 및 유통 과정에서 견뎌야 하는 시간이 계속 늘어났다. 산업화된 식품 시스템 안에서 먹거리가 생산되는 곳부터 소비되는 곳까지 평균 이동 거리는 약 2만

4,000킬로미터에 이른다. 반세기가 넘는 시간 동안 우리는 맛과 영양이 높은 작물 대신 운송하기 쉬운 작물을 선택해 길러왔고, 그것도 생육에 맞지 않는 땅에서 재배해왔다. 그리고 언젠가부터는 그것을 당연한 방식으로 생각하게 됐다.

생산지 불명의 식재료들

계절과 무관한 접근성이라는 개념은 이해하기 힘들지 않다. 하지만 그것을 제공하는 패스트푸드 문화는 우리에게 정확한 답을 주지 않는 경우가 너무 많다. 슈퍼마켓에 가보면 무엇이 제철 재료인지 알 수가 없다. 어떤 지역에서 어떤 작물이 나는지도 알기 어렵다. 이는 미국뿐 아니라 전 세계적으로 나타나는 현상이다.

로마를 예로 들어보겠다. 로마에서 현지 생산 아티초크artichoke는 항상 구할 수 있는 재료가 아니다. 수확 시기가 한정돼 있기 때문이다. 그런데도 로마의 모든 식당 메뉴에는 1년 내내 아티초크 요리가 있다. 그것들은 어디서 오는 것일까? 누가 그것들을 로마로 들여오는 것일까? 놀랍게도 유럽의 시장들은 식재료 원산지를 꽤 영리하게 숨긴다. 아마도 미식 문화의 뿌리가 깊은 탓이 아닌가 싶다. 유럽인들은 과일과 채소를 먹음직스럽게 진열하는 법을 누구보다 잘 안다. 그리고 요즘은 다들 관광객을 만족시키느라 분주하다. 아이러니하게도 관광객들은 로마산 아티초크 튀김을 먹으며 '진짜' 현지 음식을 경험하고 싶어 하지만 실제로 그들의 입에 들어가는 것은 엉뚱한 곳에서 생산된 아티초크다.

프랑스 유학 중이던 1965년에 나는 '오로지' 내가 사는 곳 인근에서 생산된 식재료만 먹었다. 당시 프랑스의 슬로푸드 문화에서 먹거리에 관해 많은 것을 배우고 깨달았다. 음식에 관한 나의 철학이 정립된 곳은 프랑스다. 그러나 시간이 흐르면서 그곳에도 변화가 일어났다. 각종 청과물과 식재료를 파는 파리의 대표 중앙시장인 레알Les Halles이 1971년 도심을 벗어나 외곽으로 옮겨졌다. 이후 시장 내의 알짜배기 터는 대형 업체들이 차지했는데, 프랑스에서는 제철이 아닌 식재료를 외국에서 수입해 오는 업체들이었다. 그나마 임대료를 낼 형편이 되어 시장에 점포를 둘 수 있었던 소수의 현지 유기농 농부들은 구석 자리로 밀려났다. 그리고 이후 먹거리 문화가 변화했다. 갑자기 직거래 장터에 바나나와 망고가 등장했다. 일부 3성급 식당은 인근 농장과 거래를 유지했지만 그 수가 많지는 않았다.

전 세계의 대도시들은 당연히 모든 것을 제공하는 편리한 공간이 돼야 한다는 환상을 품게 됐다. 계절과 무관한 접근성에 대한 요구가 문화를 바꿔놓는 또 다른 현상이다. 내가 있는 버클리와 샌프란시스코도 예외가 아니다. 사람들은 캘리포니아를 1년 내내 온갖 생산물이 나는 풍요의 땅이라고 생각한다. 방문객들도 그런 풍요로움을 기대하고 온다. 그들은 연중 언제든 아보카도와 포도를 먹고 싶어 한다. 그리고 요즘은 제철이 아닐 때도 얼마든지 구할 수 있다.

몇 년 전 아시아소사이어티Asia Society의 미중관계센터Center on U.S.-China Relations 소장 오빌 셸Orville Schell에게 베이징에서 만찬을 준비해달라는 부탁을 받았다. 이 단체와 중국 정부 간 문화교류의 일부로 기획된 행사였다. 나는 베이징에서 당연히 유기농 오리를 구할 수 있으리라고 생각하고 만찬 메뉴를 짰다. 북경 오리구이는 중국의 대표적 요리이고 식당에서도 흔하니 말이다. 유기농 오리를 구하지 못하리라는 건 애초에 상상도 못 했다. 그런데 베이징으로 향하는 날짜를 열흘 앞두고 베이징의 모든 오리는 한 프랑스 대기업이 대량 사육한 것이라는 사실을 알게 됐다. 우리가 유기농 오리 요리를 준비할 수 있는 방법은 딱 하나뿐이었다. 열두 시간 거리에 있는 농장에서 오리들을 산 채로 구입해 와서 직접 도축해야 했다. 안타깝게도 그건 현실적으로 힘들었다. 서둘러 다른 현지 식재료를 찾아야 했다. 다행히 돼지를 사육하는 근처의 유기농 농장을 찾아서 막판에 메뉴를 돼지고기구이로 변경했다. 하지만 만찬에 필요한 충분한 물량을 얻기 위해 농장 네 곳에서 돼지고기를 구매해야 했다.

계절과 무관하게 모든 걸 구할 수 있는 문화에서는 음식의 유행에 더 민감해진다. 땅과 관련된 특성이나 계절성에 둔감한 사람은 연중 내내 먹을 수 있는 케일 샐러드와 아보카도 토스트에 더 쉽게 끌리기 마련이다. 산업화된 농업계와 대기업은 음식 관련 유행을 만들어 이용하고, 그것을 사람들에게 주입하는 데 능숙하다. 사람들은 자신이 먹는 아보카도와 케일이 어디서 오는지 알 수 없고 점차 관심도 없어진다.

특히 아보카도는 요즘 어디에나 있다. 이제는 코펜하겐에서 상파울루에 이르기까지 세계 어딜 가든 아침이나 점심으로 아보카도 토스트를 먹는 풍경이 어색하지 않다. 아보카도는 몸에도 좋고 아이들이 좋아하기 때문에 거부하기가 쉽지 않다. 시간이 흐르면서 우리는 아보카도가 1년 내내 나는 과일이라고 생각하게 됐다. 계속 늘어나는 아보카도 수요는 그것이 재배되는 지역에도 영향을 미친다. 아보카도 단일 재배에는 상당히 많은 물이 필요하다. 그래서 멕시코 같은 아보카도 주요 생산국들에서는 토양의 대수층이 고갈되고 있다. 운송에 따르는 탄소 배출 또한 문제다. 목적지까지 수천 킬로미터를 이동하기 때문이다. 유기농으로 재배됐는지 아닌지 전혀 알 수 없는 그런 아보카도가 먹는 사람에게든 땅에든 건강함을 주는 음식이라고 말할 수 있을까?

계절과 무관한 접근성을 중시하는 세태는 생물 다양성에도 영향을 미친다. 연중 수확 시기가 짧거나 유통이 까다로운 품종은 외면당하기 때문이다. 맛은 좋지만 아주 짧은 시기 동안만 딸 수 있는 뽕나무 열매, 껍질이 얇아서 쉽게 흠집이 생기는 블렌하임 살구^{Blenheim apricot} 같은 것이 그렇다. 이것들은 연중 늘 딸 수 있는 과일이 아니다. 그 때문에 대량 농업 생산 시스템에서 제외되고, 심지어는 지구상에서 사라질 위기에 처한다. 또한 농부들은 시장 수요를 충족시키기 위해 재배 작물을 바꾸기도 한다.

나의 멘토이자 요리 연구가인 마두르 재프리^{Madhur Jaffrey}의 설명에 따르면, 밀렛^{millet}(조, 기장, 피, 진주조, 손가락조 등을 통칭하는 이름-옮긴이)은 수천 년 동안 인도에서 중요한 농업 작물이었다. 가움에 강하고, 덥고 건조한 기후에서도 잘 자라며, 영양도 풍부하기 때문이다. 하지만 이런 밀렛도 밀로 대체되기 시작했다. 서구식 입맛을 충족시키기 위해 밀의 수요가 늘어났기 때문이다. 인도에서 밀은 밀렛만큼 잘 자라지 않기 때문에 농약을 더 많이 치거나 토양을 갈아엎는 등 인위적 개입이 더 많이 필요하다. 게다가 밀은 밀렛보다 영양학적 가치가 떨어진다.

계절과 무관한 접근성이라는 가치는 식량 자원이 무한정 존재한다는 착각을 심어준다. 우리는 참치 요리가 당연히 메뉴에 있어야 한다고 생각한다. 그래서 세계 곳곳의 바다에서 참치를 잡아 올리고, 이는 수산 자원을 고갈시킨다. 우리가 아무 생각 없이 먹는 생선 요리의 어두운 이면을 조명한 작품이 있다. 후베르트 소페Hubert Sauper가 만든 2004년 다큐멘터리 〈다윈의 악몽Darwin's Nightmare〉이다. 2006년 아카데미상 후보에도 오른 이 다큐멘터리는 탄자니아의 빅토리아 호수에서 수 세대에 걸쳐 어업에 종사해온 지역사회 주민들을 보여준다. 1960년대에 소련은 거대한 화물 비행기를 이용해 무기와 군수품을 아프리카로 실어 날랐다. 그런데 아프리카에 화물을 내리고 나서는 돈벌이가 될 만한 뭔가를 비행기에 싣고 돌아오는 게 낫다고 판단했다. 당시 유럽에서 흰살생선의 수요가 높다는 사실에 주목했고, 탄자니아에서 흰살생선을 들여와 유럽에 팔기로 했다. 그래서 빅토리아 호수에 나일농어를 풀었고, 식욕이 왕성한 나일농어들은 토종 물고기들을 말살시켰다. 생선 살을 급속 냉동해 유럽으로 운송하기 위한 가공 공장이 호수 주변에 건설됐고 공장은 주변 하천을 오염시켰다. 시간이 흐를수록 거대한 산업과 자본 시스템이 지역 공동체를 황폐화했다. 지역 주민들은 굶주림에 시달렸고 버려진 나일농어 사체를 먹으며 생존을 이어가야 했다. 다큐멘터리는 빅토리아 호수 주변의 생태계와 지역 경제, 문화가 파괴되는 과정을 담담히 보여준다. 이 모두가 맛있는 생선을 언제든 먹고 싶어 하는 유럽 사람들의 욕구를 만족시키기 위해 벌어진 일이다. 이것은 내가 본 것 중 가장 인상적이고도 끔찍한 다큐멘터리였다.

무분별한 접근성이 만드는 폐해

패스트푸드 문화는 특정 식재료가 특정 지역에서 생산된다는 사실을 일깨우는 데 관심이 없다. 그 대신 제한 없는 접근성을 평등함이라는 개념과 연관시킨다. "누구도 결핍을 경험해서는 안 된다! 어느 지역에 살든 누구나 이 음식을 먹을 수 있어야 한다!"라고 외친다. 식품 기업들은 모든 음식을 모든 이들에게 최대한 낮은 가격에 제공하는 것이 목표라고 말한다. 얼핏 들으면 아주 바람직한 목표 같다. 하지만 해결해야 하는 진짜 난제는 따로 있다. 식량 사막food desert(인근에 신선한 식품을 판매하는 상점이 없어 저렴하고 영양가 있는 음식을 구하기 어려운 빈민층 거주 지역-옮긴이)에 사는 주민들도 신선한 음식을 먹을 수 있게 하는 일이다. 알다시피, 식품 기업들은 그런 문제에 관심이 없다. 또한 기업들은 특정 식품을 많은 이들에게 언제든 제공하려면 산업화된 대량 생산 시스템을 가동해야 한다. 그렇게 생산한 음식은 건강에 좋지 않고 친환경적이지도 않다. 농장 노동자가 최저 임금에도 못 미치는 보수로 일하는 사례가 많다는 것도 문제다.

토르티야tortilla를 예로 들어보겠다. 토르티야는 평등한 음식이 돼야 마땅하고 누구나 먹을 수 있으면 좋은 음식이다. 그러나 패스트푸드 문화에서 그런 요구를 만족시키는 방식은 세계에서 가장 풍부한 옥수수 품종을 보유한 나라였던 멕시코의 문화를 망가트리는 결과를 가져왔다. 아주 오래전부터 멕시코 사람들에게 토르티야는 전통의 핵심이었으며 그들의 정체성과 식문화에서 가장 기본적인 음식이었다. 하지만 세계의 수요를 맞추기 위해 토르티야가 대량 생산되기 시작했다. 농부들이 재배하는 옥수수 품종도 크게 줄어들었다. 이제는 비유기농 방식으로 특정 품종만 재배한다. 게다가 산업화된 시스템에서 일하는 많은 노동자가 빈곤에 시달린다. 어떻게 이것이 평등이란 말인가? 이런 변화는 전 세계적으로 빵, 쌀, 퀴노아^{quinoa} 등 다른 생산물 분야에서도 일어나고 있다.

계절과 무관한 접근성이라는 가치가 만들어낸 또 다른 현상도 있다. 우리는 이제 심지어 패스트푸드를 먹으려고 패스트푸드 식당에 갈 필요도 없다. 길거리나 자동판매기에서도 살 수 있으니 말이다. 플라스틱에 담기거나 비닐로 포장된, 쉽고 간편하게 먹을 수 있는 음식이 어디에나 있다. 50년 전에는 초콜릿이나 사탕을 사려면 식료품점이나 캔디 상점에 가야 했지만, 요즘은 그런 군것질거리가 아무 데나 다 있다. 음식과 전혀 관련이 없는 공간에서도 계산대 옆에 있는 달짝지근한 먹거리가 우리를 유혹한다. 경계선이 갈수록 희미해지고 있다. 주유소의 가게에서도 편의점에서도, 어디서나 군것질거리를 살 수 있다. 당신도 호텔 방에 들어가면 미니바에 뭐가 있는지 보려고 달려가지 않는가? 우리는 거기에 늘 먹던 견과류 제품이, 청량음료가, 초콜릿 바가, 감자칩이 있기를 기대한다. 이런 접근성은 우리를 중독시킨다. 우리는 눈앞에 있는 패스트푸드를 참기 힘들다. 편하고 친숙하며 늘 가까운 거리에 있기 때문이다.

때와 상관없는 접근성을 추구하는 태도가 우리 삶 전반에 스며든 모습을 생각해보라. 우리는 어디서든 와이파이가 되길 원한다. 세계 어딜 가나 휴대전화가 잘 터지길 바란다. 하루 만에 택배 상자가 집 앞에 도착하길 원한다. 어딜 가나 케이블TV를 볼 수 있길 원한다. 어떤 도시에 있든 휴대전화로 리프트Lyft 앱을 열어 근처의 차량을 호출할 수 있기를 기대한다. 우리는 시간과 공간의 경계선을 지우면서 문화적 정체성에 대한 감각을 잃고 있다. 모든 것이 어디에나 있고, '우리 자신'도 어디서든 타인과 연결된다. 때와 상관없는 접근성이 어딜 가나 비슷비슷한 글로벌 문화를 만들고 있다.

We are what we eat
현혹하는 광고와 속임수

광고는 패스트푸드 문화의 소통 방식이다. 마케팅, 제품 디자인, 브랜딩, 통계 수치, 포장, 소비자의 주의를 끌어당기는 온갖 요소를 활용해 우리의 도덕관과 세계관에 영향을 미치려 애쓴다. 예컨대 우리가 어떤 음식을 맛보거나 제품을 사용해보기도 전에 무엇이 우리에게 좋은지 알려준다. 이론적으로 볼 때 광고는 정확한 정보를 제공해 우리가 현명한 결정을 내리도록 돕는 통로가 될 수 있다. 우리는 광고를 신뢰할 수 있어야 한다. 그러나 실제로 대부분 광고는 의도적으로 그와 정반대의 역할을 한다. 명확하지 않은 정보를 제공해 우리의 판단력을 흐린다. 기업들은 소비자에게 뭔가를 숨겨도 괜찮다고, 수익을 높이기 위해 소비자를 현혹해도 괜찮다고 여긴다. 광고는 거짓말이다. 광고를 신뢰하면 잘못된 정보와 속임수에 무방비 상태가 된다.

어렸을 때 제일 좋아하는 TV 프로그램이 〈미키 마우스 클럽 The Mickey Mouse Club〉이었는데, 중간 광고 때 나오는 시엠송을 따라 부르곤 했다. "론조니의 철자는 R-O-N-Z-O-N-I / 미국에서 가장 맛있는 스파게티와 마카로니!" 광고가 나올 때마다 같이 따라 부르면 그렇게 재밌을 수가 없었다. 그리고 슈퍼마켓에 가면 진열대에 놓인 론조니 파스타 상자를 볼 때마다 신이 났다. 60년도 더 지났지만 그 시엠송은 지금도 내 머릿속에 새겨져 지워지지 않는다. 그게 광고의 힘이다. 우리는 특정 시엠송을 들으면 스파게티가 먹고 싶어진다. 맥도날드의 피에로 마스코트인 로널드 맥도널드 Ronald McDonald가 보이면 햄버거에 구미가 당긴다. 사방에서 친숙한 TV 프로그램 주인공이, 스포츠 스타가, 컴퓨터 그래픽으로 만든 음식 이미지가, 말하는 동물 캐릭터가 우리에게 무엇을 살지, 무엇을 먹을지,

무엇을 구독할지, 어디에 가입할지 조언해준다.

우리 식당은 한 번도 광고를 한 적이 없다. 물론 여러 지면에 소개되긴 했지만 늘 입소문에 의지해왔다. 우리 식당을 다녀간 손님이 주변에 "거기 진짜 맛있어. 너도 꼭 가봐"라고 진심으로 말했으면 하는 게 내 바람이다. 나는 운영과 관련해 뭔가 더 나은 방향을 모색할 때만 식당의 홍보와 마케팅을 직원들과 의논한다. 만일 손님이 음식을 남기면 나는 그 이유를 알아내려고 노력한다. 마케팅에서 중요한 부분은 자신을 되돌아보면서 이런 어려운 질문을 던질 줄 아는 일이다. 지금 우리는 제대로 하고 있는가? 현재의 방식이 최선인가? 우리 식당에서 젊은 손님들을 끌기 위해 심야 메뉴를 내놓을 때도 그 질문을 출발점으로 삼았다. 나는 우리 식당이 밤늦은 시간까지 사람들로 북적이며 활기가 넘치는 것이 좋다. 또 지역사회 주민 누구나 언제든 편한 마음으로 찾을 수 있는 식당으로 느꼈으면 한다. 그래서 마케팅 전략이라고 부를 만한 시도를 했다. 밤 9시 이후에 목초 사육 소고기로 만든 스테이크와 감자튀김, 와인 한 잔을 저렴한 가격에 제공하기 시작했다.

광고는 사실은 소비자 자신의 욕망이 아닐지도 모르는 욕망을 자극하도록 설계돼 있다. 우리를 설득하려는 의도가 담긴 이미지와 메시지에 끊임없이 노출되면 결국 우리의 무의식에 모종의 변화가 일어난다. 광고에 나오지 않는 것은 좋은 제품이 아니라고 믿게 되는 것이다. 사람들은 오프라인이든 온라인이든 상점에 들어가면 물건 자체를 보는 것이 아니라 익숙한 브랜드를 찾는다. 나이키, 버드와이저, P&G, 삼성 등. 그리고 자신이 모르는 생소한 브랜드는 미심쩍다고 여긴다. 우리는 광고라는 렌즈를 통해 주변 세상을 평가하며, 결국 스스로 결정할 줄 아는 능력을 잃어버린다. 광고는 우리에게서 제품의 재료와 제작 방식이 지닌 진정한 품질을 기준으로 판단하는 능력을 빼앗아 간다. 그것이 광고가 제품에 가치를 부여하는 방식이다.

그 모든 과정은 상당히 일찍부터 시작된다. 얼마 전에 나는 유모차에 탄 꼬마가 커다란 콜라병을 마치 인형처럼 가슴에 안고 있는 모습을 봤다. 콜라병은 꼬마의 몸통만큼 컸다. 또 언젠가는 비행기를 탔는데 어떤 부부가 데리고 있는 갓난아기의 젖병에 코카콜라 로고가 새겨져 있었다. 입맛이 씁쓸했다. 브랜드에 대한 신뢰와 친숙함은 그렇게 아기 때부터 형성된다. 태어나는 순간부터 우리 삶의 굉장히 많은 부분에 기업 브랜드들이 스며든다. 그렇지만 우리 자신은 그 사실을 인식하지 못한다.

물론 특정 브랜드의 로고가 찍힌 젖병을 쓰는 이유도 이해는 간다. 무료로 생긴 것이기 때문이다. 공짜 제품을 누가 마다하겠는가? 그런 물건을 사용하지 '않고' 버리는 것은 낭비처럼 느껴진다. 그러나 당신이 그런 제품을 계속 사용하면, 기업 브랜드들이 생활의 일부가 되어 익숙해지면, 당신뿐 아니라 가족 모두가 서서히 세뇌당한다. 1970년대와 1980년대에 거대 담배 회사들이 어린이 음료 브랜드인 쿨에이드 Kool-Aid, 하와이안펀치 Hawaiian Punch, 카프리썬 Capri Sun 등을 인수했다. 그리고 담배를 팔던 광고 노하우를 동원해 아이들에게 설탕 범벅인 음료수 브랜드를 세뇌했다. 그들의 전략은 훌륭하게 먹혔다. 아이들은 다섯 살만 돼도 음료 브랜드 100개쯤은 알아본다. 심지어 글자를 익히기 전에도 말이다.

영국 영화감독 애덤 커티스 Adam Curtis가 만든 〈자아의 세기 The Century of the Self〉라는 다큐멘터리가 있다. 1940~1950년대에 소비주의와 패스트푸드 문화가 시작되고 광고 산업이 부흥하는 과정을 파헤친 작품이다. 당시 미국 정부는 대대적인 선전과 심리 기법으로 국민들을 설득해 전쟁에 나가거나 전쟁 채권을 사게 유도했고 전쟁을 지지하게 했다. 정부에서는 전시 식량 문제 해결을 위해 모든 가정에서 텃밭을 가꾸자고 독려하는 '승리의 정원victory garden' 캠페인을 벌였다. 당시 우리 부모님도 텃밭을 만들었다. 기업의 마케팅 담당자들은 이런 기법이 대중의 마음을 움직이는 데 성공하는 것을 목격하면서 비슷한 기법을 사용하기 시작했다. 대의를 중심으로 국민을 단결시키고 사명감을 불어넣는 데 사용되던 방법들이, 제품 판매를 위해 소비자의 감정과 욕구를 건드리는 서사를 만드는 데 활용됐다. 커티스는 광고를 통한 마케팅이 패션과 화장품, 식품 산업에 얼마나 빠르게 퍼졌는지 보여준다. 늘 광고는 우리가 원하는 뭔가를 찾게 도와주는 척한다. 우리는 인터넷에서 우연히 본 스웨터, 30킬로미터 떨어진 곳에 있는 스타벅스 커피를 원하고 있었다고 착각한다. 광고는 우리 안의 욕망을 찾아내 교묘하게 이용한다. 소비자의 구매 활동을 돕기 위해 정보를 제공하는 것과 그들을 제품 판매의 타깃으로 삼는 것을 구분하는 경계선은 모호하기만 하다.

  광고 산업은 즐겁고 재미난 요소를 제공해 현실을 외면하게 하는 재주가 뛰어나다. KFC 매장에는 비좁은 우리에 꾸역꾸역 채워진 수많은 닭의 사진 같은 건 없다. 그 대신 흰색 정장에 나비매듭 타이를 맨 푸근한 할아버지인 커넬 샌더스

Colonel Sanders의 그림이 보인다. 이것은 소비자의 판단을 흐리려는 의도적 장치다. 버거킹에 가면 알록달록한 색깔로 꾸며진 아이들 놀이 공간이 있다. 그곳에서 공장식 가축 사육장을 떠올리는 사람은 없다.

이런 문화가 아이들과 부모들의 판단력에 얼마나 큰 혼란을 초래할지 생각해보라. 에릭 슐로서와 찰스 윌슨Charles Wilson은 2006년에 펴낸 《맛있는 햄버거의 무서운 이야기》에서 이렇게 썼다. "보통의 미국 어린이는 1년에 4만 개 이상의 TV 광고를 본다. 그중 약 2만 개가 청량음료, 사탕과 초콜릿류, 시리얼, 패스트푸드 등의 정크푸드 광고다. … 미국 아이들은 음식에 대해 학교에서 배우지 않는다. 끊임없이 접하는 정크푸드 광고가 아이들에게 뭘 먹어야 하는지 가르치고 있다."

디지털 미디어는 아이들이 영상 콘텐츠를 소비하는 방식을 바꿔놓았다. 그리고 이런 광고 전략은 사용자끼리 훨씬 더 쉽고 긴밀하게 연결되는 온라인 플랫폼에도 여지없이 침투했다. 유튜브 동영상 광고나 인스타그램 피드 광고뿐만이 아니다. 소셜 미디어 콘텐츠를 만드는 사람들도 기업의 꼬드김에 넘어가 제품 협찬 등의 방식으로 패스트푸드를 자신의 스토리와 피드에 집어넣곤 한다. 또한 패스트푸드 기업은 초등학교를 직접 공략해 로고가 박힌 장난감을 무료로 나눠준다. 아이들이 패스트푸드 식당에 엄마 아빠를 데리고 오기를 바라면서 말이다. 무료 장난감 하나 덕분에 손님 세 명이 생기니, 기업 입장에서는 일석삼조다.

　기업들은 또한 아이들이 즐겁게 밥을 먹을 수 있도록 어른이 먹는 것과 다른 화려한 '어린이용 메뉴'를 제공해야 한다는 생각을 조장한다. 이런 메뉴는 음식에 대한 아이들의 관점을 좁힐 뿐 아니라 슬프게도 테이블에 둘러앉아 다 함께 식사한다는 기분을 느끼지 못하게 한다. 게다가 패스트푸드는 중독성이 있다. 아이들을 평생 고객으로 만들려는 기업의 계산이 깔려 있는 음식이다. 당연히 패스트푸드 기업들은 초등학교와 중학교, 고등학교에도 진출했다. 미국 초등학교의 10퍼센트, 고등학교의 30퍼센트가 교내에서 유명 패스트푸드 체인의 음식을 판매한다.

　학생들을 타깃으로 한 광고에 대한 우려의 목소리가 높다. 그러나 시스템 자체에 문제가 내재해 있다. 식품 및 음료 대기업들은 초·중·고교와 대학교에 대규모 기부를 한다. 기부금을 전달하거나 과학관 또는 체육관을 지어주는 등의 방식이다. 그런데 기부를 하고 나면 학교에 기업의 자판기가 설치되고 독점 판매 계약이 체결된다. 학교 입장에서는 거래를 거절하기가 쉽지 않다. 이런 식의 거래는 모든 분야에서 흔하지만 특히 학교나 박물관 같은 교육 및 문화 기관에서 이런 풍경을 목격하는 일은 결코 즐겁지 않다. 이들 기관은 중요한 프로그램의 자금을 조달하기 위해 대기업 기부금에 의존하는 경우가 많다. 그러나 그 기부금에는 항상 모종의 조건이 따라붙는다. 그걸 거절하고 자금 지원이 끊길 위험을 감수할 수 있는 기관은 많지 않다. 그러나 제발 모두가 아이들의 건강이 치러야 하는 대가를 생각해봤으면 좋겠다. 미국 어린이 세 명 중 한 명이 앞으로 당뇨병을 앓을 가능성이 크다. 게다가 당뇨병은 흑인 아이들 사이에 훨씬 더 퍼져 있다. 흑인 아이는 백인 아이보다 당뇨병으로 사망할 확률이 두 배 이상 높다. 그럼에도 건강을 해치는 음식이 광고와 마케팅을 통해 끊임없이 아이들의 일상을 파고들고 있다.

건강하게 먹기 위해 필요한 질문들

언어학자이자 로컬경제운동가인 헬레나 노르베리-호지 Helena Norberg-Hodge 는 《오래된 미래: 라다크로부터 배우다》라는 책에서 작은 티베트라고 불리는 라다크 지역의 변화를 설명한다.

고산 지대에서 자급자족하는 공동체였던 이곳은 1970년대 후반 서구 문화가 들어오고 이른바 '개발'이 진행되면서 바뀌기 시작했다. 산업화되지 않은 전통문화를 유지하던 이곳에 서구 사회의 광고가 만들어낸 소음과 이미지가 밀려들었다. 이후 10여 년 동안 많은 젊은이가 광고판과 TV에서 본 화려하고 풍요로운 삶을 찾아 고향을 버리고 도시로 떠났다. 안타깝게도 그중 대부분은 제대로 정착하지 못하고 빈곤에 시달렸다. 땅에 의지해 살 때 유용했던 독특한 전통 기술이 새로운 도시 환경에서는 전혀 쓸모가 없다는 사실 때문에 상황은 더 악화됐다. 노르베리-호지의 주장은 모든 현대 문명을 거부하자는 것도, 라다크 사람들이 외부 세계와 영원히 동떨어진 채 살아야 한다는 것도 아니다. 현대화와 사회적 진화라는 이슈는 여러 측면이 얽혀 있는 복잡한 문제다. 다만 라다크 이야기에서 인상적이고도 슬픈 부분은 특히 광고가 라다크 주민들의 정체성 감각에 큰 영향을 미쳤다는 사실이다.

 광고에 대한 소비자의 맹목적 신뢰가 초래하는 위험한 결과가 하나 더 있다. 기업들이 매출을 올리기 위해 원래 의미와 상관없이 단어를 마음대로 사용하는 것이다. 요즘 '유기농'이라는 표현은 무엇을 의미하는가? '천연 재료'라는 표현은 어떤 뜻으로 사용되는가? '로컬 식품'이나 '공정 무역'이라는 용어는 또 어떤가? 수천 킬로미터 떨어진 곳에서 운송돼 소비자의 눈앞에 진열되기까지 1~2주일이 걸리는 식품에 '신선한'이라는 표현을 써도 되는 걸까? 사람들은 이런 용어를 도용해왔다. 이런 표현들은 소비자에게 정확한 정보를 주기 위해서라기보다는 그럴듯하게 홍보하고 이익을 올리기 위해 더 자주 사용되는 듯하다.

이런 표현들이 도용되는 속도는 무서울 정도다. 음식운동에서 어떤 새로운 용어를 쓰면(예컨대 '지속 가능한'), 패스트푸드 문화가 그것을 곧장 흡수해 아무 데서나 무차별적으로 사용한다. 그리고 어느새 그 용어는 뜻이 모호해지고 심지어 오해를 불러일으키는 말이 된다. '무농약', '정부가 승인한', '방목한' 등의 표현을 생각해보라. 혼란을 일으키는 모호한 표현이 너무나 많다.

식품 기업들은 제품에 들어가는 고과당 옥수수 시럽 같은 인공 화합물을 '천연 재료'로 지칭할 수 있도록 로비를 벌인다. 용어의 문제는 결국 기준의 문제다. 우리는 어떤 기준을 사용하고 있는가? 그리고 그 기준은 어떻게 만들어졌는가? 기준은 나라마다 다르기도 하다. 예컨대 칠레에서 생각하는 유기농 농법은 캘리포니아의 유기농 농법과 다를 수 있다. 따라서 모두가 혼란스러울 수밖에 없다. 그런 혼란 속에서 애초에 기준을 만든 목적은 희미해지고 만다.

우리는 우리가 먹는 음식에 관해 계속 질문을 던져야 한다. 인근에서 생산됐는가? '인근'이라는 것은 얼마나 가까운 지역을 뜻하는가? 이 식재료는 진짜 유기농인가? 어디에서 인증을 받았는가? 예를 들어 캘리포니아유기농인증협회^{California Certified Organic Farmers, CCOF}의 기준은 미국 농무부의 유기농 인증 프로그램보다 더 까다롭다. CCOF에서는 이런 항목들을 심사한다. 닭을 방목해서 키우는가? 방목하는 초지의 크기가 어느 정도이며 초지에 어떤 풀이 자라는가? 가축에게 보조 사료를 주는가? 그 사료는 어디에서 공급받는가? 농장 노동자들이 공정한 임금을 지급받으며 농장의 중요한 구성원으로 대우받는가? 우리는 이런 항목 '모두'를 따져봐야 한다. 농장주나 목장주를 개인적으로 알아서 그들의 재배 및 사육 방식을 직접 확인할 수 있다면 모르겠지만 말이다.

워싱턴DC에 본부를 둔 국제생명과학연구소^{International Life Sciences Institute, ILSI}는 그동안 네슬레, 맥도날드, 펩시코, 얌!^{Yum!}을 비롯한 식품 업계의 골리앗들에게 자금을 지원받아 운영돼왔다. 세계 곳곳(대부분 개발도상국이다)에 지사를 둔 이 조직은 업계 자금으로 진행한 영양 연구 자료를 각국 과학자와 정부 관리에게 제공함으로써 식품 정책에 영향력을 행사한다. ILSI는 자신이 로비 단체가 아니라고 주장하지만, 이 조직과 식품 업계의 긴밀한 관계에 대한 감시의 눈초리가 점점 강해지고 있다. 2019년 〈뉴욕타임스〉는 중국에서 ILSI가 어린이 건강 및 영양 관련 정책을 담당하는 중국 관리들과 사무실을 함께 쓴다고 보도했다. 기업들의 영향력은 영국에서도 크게 논란이 된 적이 있다. 셰프 제이미 올리버Jamie Oliver가 영국 학교 급식에서 제공되는 충격적인 질 낮은 음식을 폭로해 세상을 깜짝 놀라게 했다.

탄소 배출권과 관련한 문제 또한 생각해볼 필요가 있다. 물론 이론상으로는 바람직하다. 기업이 배출권을 구매한 만큼만 탄소를 배출하고 더 배출하려면 탄소 배출 여력이 있는 다른 기업에서 돈을 주고 배출권을 구입하도록 강제함으로써 전체적으로 탄소 배출량을 줄인다는 개념이다. 하지만 이런 제도가 단지 오염에 대한 죄책감을 줄이는 역할만 하고 있는 것은 아닌지 우려스럽다. 내가 아는 몇몇 환경 전문가도 탄소 배출권 거래제가 정말로 브라질의 열대우림을 보호하는 데 도움이 되는지 의문을 제기한다. 그럼에도 기업은 구매한 탄소 배출권의 양을 근거로 자신이 '지속 가능한' 방식으로 사업을 한다고 주장할 수 있다. 하지만 우리는 그 기업의 실제 사업 관행이 어떤지는 알 수 없고, 어느 시점이 되면 무엇이 진실인지가 흐릿해진다. 확실한 기준점이 없는 탓이다. 아무도 옳다고 입증할 수 없는 아이디어만 계속 반복될 뿐이다.

얼마 전 〈소셜 딜레마 The Social Dilemma〉라는 다큐멘터리를 보고 충격을 받았다. 내가 스마트폰이나 노트북에서 뭔가를 클릭할 때마다 네트워크로 정보가 전송돼 나에게 '맞춤화된' 메시지와 이미지가 나타나게 돼 있다는 것을, 개인의 취향과 습관에 맞춰 섬세하게 조정된 화면이 뜬다는 사실을 알게 됐기 때문이다. 이론상으로는 훌륭한 시스템처럼 들린다. 하지만 이런 시스템에서는 컴퓨터 알고리즘이 우리에게 구획화된 방식으로 정보를 제공하기 때문에 각 개인은 취향과 의견에 따라 서로 다른 정보를 얻는다. 컴퓨터가 편향된 방식으로 정보를 퍼트리는 탓에 이런 알고리즘은 우리의 공개 토론 문화를 망가트리고, 결국에는 우리의 민주주의를 위협할 수도 있다.

광고가 진심을 삼킬 때

많은 이들이 홍보가 사업 성장의 핵심 열쇠라고, 일종의 필요악이라고 말한다. 광고와 마케팅 캠페인을 하지 않으면 사업을 키울 수 없다고 말이다. 4년 전쯤 셰파니스라는 이름의 상표 등록을 두고 큰 의견 차이가 발생했다. 우리 식당의 이사회 멤버 전부가 이 이름을 상표로 등록해 보호해야 한다고 주장했다. 하지만 내 생각은 달랐다. 나는 길 건너편에 셰파니스라는 이름의 식당이 또 생겨도 상관이 없다. 각 식당의 맛과 정직성에 대해서는 손님들 스스로 판단하면 된다. 그리고 서로 더 좋은 식당이 되려고 노력하면 두 식당 모두에게 좋은 일이다. 나는 손님들이 스스로 선택할 수 있어야 한다고 본다. 그리고 물론 그들이 우리 식당이 사업을 제대로 하고 있다는, 우리 음식이 정말로 맛있다는 결론을 내렸으면 좋겠다. 손님이 오지 않는다면 이유가 있는 것이다. 그 해결 방법을 광고에서 찾아서는 안 된다.

광고에 대한 신뢰가 문화 전반에 퍼지면 우리와 진실의 관계 자체도 변한다. 사실을 왜곡하고 흐릿하게 하는 상업적 광고의 내용이 자연스럽게 받아들여지는 사회에서는 어딜 가든 진짜 정보를 분간하기가 훨씬 힘들어진다. '가짜 뉴스'가 만연하고, 거짓말을 하는 것이 당연시된다. 사실은 상대적인 것이 되며, 객관성과 진실에 대한 합의된 토대를 형성하기 힘들다. 이는 우리가 개인적으로나 사회적으로 또는 정치적으로 명확한 선택을 하는 능력을 약화한다. 더 중요한 것은 즉각적이고 현명하며 실용적인 행동이 반드시 필요한 영역에서, 즉 지구온난화나 기후변화 같은 중차대한 문제에서 우리가 더 나은 방향으로 나아갈 수 없게 한다는 사실이다.

We are what we eat

싼 가격만 좇으며 포기한 것들

오늘날 우리는 적절한 가격이라는 개념과 싼 가격을 혼동하고 있다. 저렴함이 가장 중요한 가치가 되면 품질을 신경 쓰지 않게 된다. 특정 제품이 우리 자신과 지구를 위해 좋은 것인지 나쁜 것인지 관심이 없어진다. 그저 싸면 그만이다. 우리는 물건에 숨겨진 진짜 비용을 모른다. 첫째는 아무도 말해주지 않기 때문이고, 둘째는 많은 제품을 부자연스러울 만큼 낮은 가격에 살 수 있기 때문이다. 기업이 받는 이런저런 보조금과 그들의 교묘한 상술이 그런 가격을 가능케 한다. 우리 모두는 이 점을 기억해야 한다. 음식은 적절한 가격이어야 하지 무턱대고 싸져서는 안 된다.

사방에서 싼 가격을 강조하는 문구가 소비자를 현혹한다. "하나 사시면 하나를 무료로 드립니다!" "1달러 햄버거!" "적은 돈으로 더 많은 음식을!" 아마존의 제프 베이조스Jeff Bezos가 2017년 미국 최대 유기농 식품 체인 홀푸드Whole Foods를 인수한 직후 무엇보다 먼저 취한 조치가 가격 인하였다. 아마존 같은 대형 다국적 기업들은 터무니없이 낮은 가격을 만들어낼 수 있다. 거기서 발생하는 손실을 수익성 높은 다른 사업부문들에서 메우면 되기 때문이다. 저가 정책으로 시장을 공략하는 이유는 당연하게도 새로운 고객을 끌어오기 위해서다. 시간이 흐르면 소비자들은 그처럼 부자연스럽게 싼 가격을 당연한 현실로 생각하게 된다. 물론 소비자 입장에서는 낮은 가격이 좋다. 하지만 식재료를 생산하는 이들에게도 좋을까? 패스트푸드 문화는 우리가 그들을 쉽게 잊게 한다. 싼 가격에 익숙해진 우리는 눈가리개를 쓰고 있는 것과 다름없다. 우리는 그저 가격만 생각한다.

나는 누군가가 "거기서 엄청 싸게 샀어"라고 말하는 걸 들으면 어디선가 다른 누군가는 부당한 대우를 받고 있을 현실이 반사적으로 떠오른다. 예컨대 그 식재료를 수확한 농장 일꾼들 말이다. 합당한 보수를 받지 못하는 누군가가 없이는 우리가 뭔가를 싸게 살 수 없다. 우리는 돈을 절약한 것만 생각하지 다른 문제들을 초래하고 있음은 인식하지 못한다. 환경이나 건강에 생기는 문제 말이다. 결국 우리는 훨씬 더 큰 대가를 치르게 된다.

식품의 첫 단계부터가 문제다. 산업화된 농장에서 농약을 뿌리는 것은 더 효율적으로 더 수익성 높게 작물을 재배하기 위해서다. 즉 비용 절감을 위해서다. 일반 소비자는 자신이 먹는 식재료에 어떤 살충제와 제초제가 사용되는지 알 수 없다. 미국에서 유기농 농산물은 농무부의 유기농 인증 기준을 지켜야 하지만, 일반 농산물이라면 어떤 방식으로 작물을 재배했는지 소비자는 알 수가 없다. 식품 포장지에는 원재료 표시 라벨이라도 붙어 있지만, 일반 블루베리에는 재배 시 사용한 농약을 알려주는 정보가 어디에도 없다. 물론 일반 블루베리는 유기농 블루베리보다 저렴하겠지만 거기에 사용된 농약은 토양과 지하수에 장기적으로 해로운 영향을 미칠 수 있다.

그리고 우리의 건강을 망가트릴 위험성에 대한 인식도, 그런 문제를 해결하는 데 수반되는 비용에 대한 인식도 낮다. 1980년대에 사과에 발암성 농약 알라^{Alar}가 뿌려진다는 사실이 보도돼 난리가 난 적이 있다. 메릴 스트리프^{Meryl Streep} 같은 스타가 대중 앞에 나와 농약과 여타 화학물질의 존재를, 그리고 아이들이 성인보다 사과를 더 많이 소비하므로 더 많은 농약에 노출되어 있다는 사실을 사람들에게 상기시켰다. 농장 노동자들은 또 어떤가? 그들은 일반 소비자보다 수백 배 높은 수준의 화학물질에 노출된 채 일한다. 이런 문제가 발생하는 것은 오로지 수익만 생각하는 태도 탓이다.

대형 식품 체인점에서 식품을 대단히 싸게 팔 수 있는 또 다른 이유는 대개 그런 체인점은 안정적인 대량 구매자가 되기로 약속하고 농부들로부터 생산물을 싼 가격에 납품받기 때문이다. 농부들은 매년 안정적 수입을 확보하기가 어려우므로 그런 낮은 납품가로 계약을 체결할 수밖에 없다. 그 결과 소비자는 더 싸게 살 수 있지만 농장주와 농장 노동자는 합당한 돈을 벌지 못한다.

패스트푸드 식당은 값싼 기본 재료를 사용하는 방식으로 비용을 절감한다. 그들이 제공하는 메뉴는 뻔하다. 늘 빵과 감자에 크게 의존하고, 그 기본 재료를 맛있고 중독적인 것으로 변화시키기 위해 다량의 소금과 설탕, 지방을 쏟아붓는다. 육류는 원래 비싼 식재료지만, 동물 사육 방식을 바꾸면서 육류의 단가도 낮아졌다. 예를 들어 산업적으로 대량 사육하는 소는 초지를 자유롭게 돌아다니며 풀을 뜯는 대신 유전자 변형 옥수수 사료를 먹는다. 소는 반추동물이다. 즉 원래 풀을 먹고 되새김질을 해야 한다. 옥수수는 소에게 자연스러운 음식이 아니기 때문에 소화기 계통에 문제를 일으킨다. 옥수수를 먹으면 빨리 살이 찌지만 동시에 질병에 취약해진다.

15년 전쯤 나는 환경운동가 마이클 폴란Michael Pollan의 강연을 들었다. 곡물 사료가 대량 사육되는 소들에게 미치는 영향에 관한 내용이었다. 그 강연을 듣고 돌아오자마자 우리 식당 직원들에게 "앞으로는 풀을 먹고 자란 소의 고기만 사용하겠다"라고 선언했다. 물론 그런 소고기는 더 비싸다. 그리고 더 질기기 때문에 조리법을 수정해야 했다. 하지만 우리는 과거 방식으로 돌아가지 않았다. 그것은 사람들의 건강을 고려해 내린 결정이기도 했다. 곡물 사료를 먹고 자란 소와 달리

풀을 먹고 자란 소의 고기에 포함된 지방은 실제로 건강에 더 이롭다. 게다가 올바른 방식만 취한다면 소의 방목은 기후변화 문제와 싸우는 데도 도움이 될 수 있다.

패스트푸드 공식을 따르는 식당이 음식을 싼값에 팔 수 있는 것은 싼 재료를 쓰기 때문이기도 하지만, 요리사나 서빙 직원에게 합당한 보수를 지불하지 않기 때문이기도 하다. 패스트푸드 식당에서 일하는 서빙 종업원의 경우 연방정부에서 정한 최저 임금이 시간당 2.13달러에 불과하며, 이들은 생존을 위해 거의 전적으로 손님이 주는 팁에 의존한다. 게다가 팁을 받을 기회조차 없는 패스트푸드 노동자들도 있다. 식당 노동자의 공정한 대우를 받을 권리를 위해 싸우는 운동가인 사루 자야라만 Saru Jayaraman 은 배우 제인 폰다 Jane Fonda, 릴리 톰린 Lily Tomlin 과 의기투합해(두 배우 모두 식당 종업원으로 일한 경험이 있다) 이 문제에 대한 대중적 인식을 높이려고 노력했다. 1960년대에 나도 싸구려 식당에서 종업원으로 일했는데, 당시 시늉에 불과한 형식적인 임금을 받았다. 부족한 금액은 팁으로 보충하라는 의미였다. 이런 열악한 근로 조건은 많은 문제를 초래하지만, 종업원이 서빙을 하면서 자기 자신을 팔아야 한다는 스트레스에 시달리는 것이 가장 큰 문제다.

저렴한 음식의 공습

싼 가격에 대한 우리의 갈망은 지역의 중소 사업체를 사라지게 한다. 패스트푸드 체인과 대형 할인점이 전국의 도시를 습격했다. 대기업은 땅값이 싸고 인구가 적은 도시 외곽에 대형 할인 매장을 짓기 시작했다. 이제 사람들은 도심에 있는 지역 철물점이나 정육점 대신 외곽에 있는 코스트코Costco나 타깃Target, 홈디포Home Depot로 몰려간다. 시내 상점들은 점점 외면당하고, 도시 안의 식량 사막에 대한 우려의 목소리도 점점 커지고 있다. 애초에 식량 사막이 생기는 주요한 이유는 도시의 소규모 상점들이 외곽의 대형 할인점들에 밀려 문을 닫기 때문이다.

가공 처리된 값싼 식품이 전 세계적으로 퍼지고 있다. 2017년 〈뉴욕타임스〉는 네슬레가 브라질의 빈곤층 지역에서 정크푸드 방문 판매를 한다고 보도했다. 식품 대기업들은 선진국 시장이 포화 상태가 되자 이제 개발도상국으로 향한다. 그곳 주민들이 전통 식단을 버리고 정크푸드에 중독되게 한다. 그 결과 비만율이 높아질 수밖에 없다. 상파울루대학교 공중보건학 교수 카를로스 몬테이루Carlos Monteiro는 말한다. "전염병학에서는 질병의 매개체에 주목하는데, 말라리아의 매개체가 모기라면 비만의 매개체는 초가공식품입니다." 그 인과관계는 너무나도 확실하다.

또한 패스트푸드 문화는 지역이나 나라의 고유한 특성을 가진 요리의 어설픈 모방품을 확산시킨다. 타코벨 같은 식당들이 곳곳에 들어서면서 영양 가치가 높은 전통 요리들이 점차 사라지고 있다. 이런 식당은 가격도 저렴해서 '지역 색깔이 살아 있는' 요리의 맛이 어떤 것인가에 대한 대중의 생각을 바꿔놓는다. 게다가 비슷한 음식을 판매하는 소형 지역 식당들은 그런 상업화된 대중적 식당과 경쟁하려면 가격을 낮추느라 비용 절감 방안을 궁리해야 하는데, 그러면 음식의 질이 떨어질 수밖에 없다.

그럼에도 싼 가격은 마음을 유혹하는 힘이 너무 강해서 우리는 파블로프의 개처럼 반사적으로 반응한다. 그저 싸다는 이유만으로 뭔가를 사곤 한다. 당신도 사실 대용량 콘칩이나 시리얼이 필요하지도 않은데 '할인 판매'라는 강력한 문구에 넘어간 적이 많지 않은가? 우리는 영화관에서 판매원의 권유로 대용량 스프라이트를 구입한 후 싸게 샀다고 좋아한다. 하지만 사실은 보통 사이즈로도 충분한 상황에서 돈만 더 쓴 셈이다. '많이 살수록 이득이다'라는 생각만큼 비논리적인 것도 없는데 우리는 늘 거기에 홀랑 넘어간다. 결국 우리는 필요한 것보다 더 많이 구매하고 먹고 마신다. 그게 다 싼 가격만 좇다가 벌어지는 일이다.

어떤 면에서 이것은 미묘하고 어려운 주제다. 돈이란 개인적이고 감정적인 측면이 얽힌 문제이기 때문이다. 돈을 더 내고 진짜 음식을 먹으라는 말을 들으면 언짢을 수도 있다. 가격을 '감당할 수 있는' 음식이 우리와 가족의 건강에 나쁘다는 말을 듣는 것도, 그것을 생산한 이들이 공정하게 대우받지 못한다는 얘기를 듣는 것도 마찬가지일 것이다. 내가 이런 주장을 하는 것은 돈을 더 지불해 유기농 음식을 소비해야 한다고 생각하고, '농장에서 식탁으로' 운동에 참여하는 식당들을 지원하고 싶기 때문이다.

이런 주장을 하면 엘리트주의적인 사람이라는 소리를 듣는다. 하지만 그런 오해를 받는 것은 패스트푸드 업계가 소비자들에게 숨겨진 비용을 알려주지 않기 때문이다. 예컨대 사람들은 건강 비용과 음식 비용이 별개라고 생각한다. 그러나 그 둘은 절대 떼어놓을 수 없는 관계다. 세계 인구의 약 40퍼센트가 과체중이거나 비만이며, 이는 당뇨병과 심장병을 비롯한 다양한 건강 문제가 생길 위험을 높인다. 많은 연구 결과에 따르면, 환경 파괴와 건강 문제 등 숨겨진 비용을 전부 합쳐서 따졌을 때 산업적으로 생산된 식품에 수반되는 비용이 유기농 식품보다 훨씬 더 높다. 사람들은 직거래 장터의 가격이 부자연스러울 만큼 높다고 말하지만, 오히려 부자연스러운 것은 사방에 널린 할인 상품이다.

패스트푸드가 식사를 가장 싸게 해결하는 방법이라는 생각도 패스트푸드 기업이 만들어낸 착각이다. KFC의 '패밀리 밀'은 30달러다. 치킨 12조각과 사이드 메뉴 3개, 비스킷 6개로 구성돼 있다. 정육점에서 파는 유기농 닭 한 마리는 약 25달러다. 이 가격은 비싸게 느껴지지만 닭 한 마리를 사서 네 식구가 세 끼를 먹는다면 합리적인 선택이 된다. 한 번은 닭가슴살 요리에 라이스와 샐러드를 곁들이고, 그다음엔 치킨 샐러드 샌드위치를 만들고, 세 번째엔 닭 뼈 육수를 이용해 토르티야 수프를 만들면 된다. 자신이 먹을 음식을 직접 요리하면 유기농 식재료로 얼마든지 합리적인 비용의 식사를 할 수 있다. 부위별로 나누거나 가공하지 않은 재료를 통째로 사서 직접 요리하는 것은 식비를 상당히 절약할 수 있는 길이다.

음식 만드는 일에 익숙해지고 요리에 어느 정도 감이 생기면 전날 저녁에 남은 것을 활용하는 일도 쉬워진다. 나는 닭 한 마리로 세 끼를 먹을 수 있다고 늘 강조하지만, 스페인 셰프이자 음식운동가인 호세 안드레스 José Andrés 는 여섯 끼를 해결할 수 있다고 말한다! 요컨대 충분히 감당할 수 있는 비용으로 영양이 풍부한 식생활을 할 방법은 얼마든지 있다. 그리고 만일 먹거리를 직접 키운다면 비용 부담이 훨씬 더 줄어든다. 사우스센트럴 로스앤젤레스에서 도시의 버려진 공터에 채소밭을 만드는 '게릴라 가드닝 guerrilla gardening' 활동을 하는 내 친구 론 핀리 Ron Finley 는 이렇게 말한다. "먹거리를 키우는 것은 자신이 쓸 돈을 직접 찍어내는 것과 마찬가지다."

저렴한 가격은 진짜 비용을 감춘다

싼 것만 좇는 문화는 식비 지출 방식에만 영향을 미치는 것이 아니다. 우리는 물건이 얼마나 오래갈지, 그것이 얼마나 잘 만들어졌는지 신경 쓰지 않게 된다. 싼 제품은 쓰고 버리면 그만이라고 생각한다. H&M에서 산 29.99달러짜리 스커트를 쉽게 버리고 다시 새것을 산다. 플라스틱이 환경을 망친다는 사실을 누구나 알지만 각종 생활용품과 장난감, 가구, 비닐봉지 등 여전히 수많은 제품이 플라스틱으로 만들어진다. 그래야 제조 비용이 적게 들기 때문이다.

또한 싼 가격이 가장 중요한 요소가 되면 사람들은 자신이 구매하는 물건이 제대로 만들어졌는지에 관심을 두지 않는다. 제품을 만드는 과정에 둔감해진다. 우리는 매일 쓰는 스마트폰이나 실내 난방기, 서랍장을 제작하는 데 얼마나 많은 시간과 재료가 들어가는지 모른다. 물건이 만들어지는 과정을 모르는 사람은 어떤 제품이든 저렴해질 수 있고 또 그래야 한다는 착각을 하게 된다.

세파니스를 열고 얼마 안 됐을 때 나는 먹거리를 키우는 데 얼마나 많은 노고가 들어가는지 인식하기 시작했다. 어떻게 줄기콩이 500그램에 2달러밖에 안 하지? 그렇게 싼 가격이 말이 돼? 나는 줄기콩을 직접 재배해서 사용한다. 콩을 얻으려면 기다리고 지켜보고 물을 주며 정성을 쏟아야 한다. 수확하기까지 두 달쯤 걸린다. 알맞은 흙을 준비하고, 씨앗을 심어 싹을 틔우고, 지지대를 세우고, 콩을 따는 모든 과정을 거쳐야 한다. 먹거리를 제대로 키우는 데 얼마나 많은 땀과 노력이 들어가는지 알고 나면 그것을 사면서 비싸다는 소리는 절대 못 한다.

예부터 사람들은 음식을 귀한 것으로, 절대 낭비해서는 안

되는 것으로 여겼다. 아마도 먹거리를 키우고 보살피는 일이 얼마나 힘든 노동인지 알았기 때문이리라.

We are what we eat

많을수록 좋다는 착각

많이 가질수록, 선택지가 많을수록 좋다고들 한다. 접시에 음식을 잔뜩 담을수록 만족감도 커진다. 뷔페 규모가 클수록 낸 돈에 비해 이득이다. 대형 할인점에 진열된 제품 종류가 많을수록 우리 삶은 더 풍요로워진다. 이런 문화에서는 옥석을 가릴 안목이 생길 수가 없다. 넘치는 제품과 넘치는 쓰레기만 존재할 뿐이다. '많을수록 좋다'라는 가치관에 취해 있으면 우리의 건강과 환경에 초래될 결과를 보지 못한다.

15년 전 예일대학교의 구내식당 메뉴를 바꾸는 프로젝트에 참여한 적이 있다. 학교 측에서 내게 처음 보여준 메뉴에는 열 종류의 시리얼이 있었다. 내가 "열 종류나요?"라고 묻자 "종류가 많아야 학생들이 좋아하거든요"라는 대답이 돌아왔다.

그런데 우리는 시리얼들의 재료를 자세히 살펴보고 두 가지를 깨달았다. 첫째, 그중 대부분이 같은 기업에서 생산한 것이었다. 둘째, 대부분 구성 비율만 다를 뿐 똑같은 재료로 만든 것이었다. 그 재료란 고도로 가공 처리한 곡물, 설탕, 소금이었다.

풍요의 나라인 이곳 미국에서 사람들은 엄청나게 많은 것을 누리며 산다. 어느 슈퍼마켓에 들어가든 각종 농산물이 수북이 쌓여 있다. 패스트푸드 문화는 우리가 그처럼 넘쳐나는 제품 중에서 무엇을 살지, 누구에게서 살지 주체적인 선택을 할 수 있다고 믿게 한다. 그러나 그중 다수가 몇몇 기업이 생산한 것이다. 우리가 주체적으로 선택한다는 것은 착각에 불과하다.

25년 전에 카리브해로 크루즈 여행을 갔다. 전혀 가고 싶지 않았지만 의무감 때문에 어쩔 수 없이 따라나선 가족 여행이었다. 그 배에서 제공하는 음식은 정말이지 지나치게 많았다. 밤이고 낮이고 상관없이 음식을 먹을 수 있었다. 끼니때는 물론이고 오전, 오후, 한밤중에도 뷔페가 열려 있었다. 객실만 나오면 온갖 음식과 마주쳤다. 조각품처럼 깎아놓은 열대과일, 곳곳에 마련된 칵테일 코너, 탑처럼 쌓인 크루아상과 치즈와 햄 등 상상할 수 있는 모든 요리가 있었다. 다들 이런 풍성한 음식을 만족스러워했다. 어쨌든 우리가 낸 돈에는 음식값도 들어 있으니까.

어느 날 저녁 우리는 육지에 내려 '파라다이스 비치'라는 한적한 곳으로 갔다. 거기서 해적선 모형을 구경하기로 돼 있었다. 잠깐 생긴 여유 시간에 나는 이리저리 걷다가 해변의 후미진 공간에 이르렀다. 그런데 모래사장이 온통 쓰레기로 뒤덮여 있었다. 우리보다 먼저 그곳에 정박했던 크루즈 선박들에서 나온 쓰레기가 밀려온 것이었다. 기저귀, 스티로폼 용기,

주사기, 플라스틱 물병 등 별것이 다 있었다. 또 다른 저녁에 나는 배 뒤쪽 갑판에서 밤하늘을 올려다보며 바람을 쐬고 있었다. 그때 뭔가 물에 빠지는 듯 크게 '첨벙' 하는 소리가 연달아 들려왔다. 소리 나는 쪽을 살펴보니 쓰레기가 담긴 엄청나게 큰 비닐 자루들이 배 밖으로 던져지고 있었다. 거의 승용차만큼이나 커다란 자루였다. 엄청난 양의 쓰레기가 밤바다 멀리 떠내려갔다.

전 세계적으로 비만이 전염병처럼 퍼지고 있다. 나는 그것이 '많을수록 좋다'라는 사고방식과 밀접히 연결돼 있다고 본다. 비만이라는 전염병을 확산시키는 주범은 패스트푸드 산업이다. 온갖 방법으로 가공하고 설탕과 지방이 잔뜩 들어간다는 것도 문제지만, 각 메뉴의 양도 문제다. 당연히 패스트푸드 식당들은 많을수록 좋다고 믿는 사람들의 심리를 이용한다. 우리에겐 30센티미터짜리 핫도그, 소고기 패티가 두 장씩 들어간 햄버거, 엑스트라라지 사이즈의 치즈 크러스트 피자가 결코 낯설지 않다. 1회 제공량은 패스트푸드 식당이 손님을 속이는 또 다른 전략이다. 감자튀김이나 탄수화물 음식을 이용해 1회 제공량을 늘려 양이 많다는 느낌을 주지만 영양은 형편없기 때문이다. 물론 식당들은 그런 '채우기용' 음식 덕분에 돈을 더 많이 번다. 그런 식재료를 싼값에 공급받을 수 있기 때문이다.

우리 식당에서도 많을수록 좋다는 사고방식에 젖은 손님 때문에 난처할 때가 있다. 사람들은 '이 정도' 가격이면 음식의 양이 '이 정도'는 돼야 한다고 생각하곤 한다. 우리는 음식의 질에 집중하는 식당인데, 양을 늘리라는 압력은 늘 존재한다. 테이블에 나온 음식을 보고는 "이 조그만 연어 조각이랑 야채들이 정말 그 가격이라고?" 하는 표정을 짓는 손님이 간혹 있기 때문이다. 나는 절대로 비용 문제 때문에 테이블에 내는 음식의 양을 제한하는 것이 아니다. 만일 비용이 문제라면 접시의 빈 부분을 감자로 채우면 된다. 나는 그저 우리 식당에 오는 손님들이 자기 앞에 놓인 음식을 눈과 입으로 즐기고 제대로 음미하면서 느긋하게 식사하기를 바랄 뿐이다.

많은 손님이 내게 이렇게 말한다. "이 식당에서 밥을 먹고 정말 기분이 좋았어요. 과식하지 않고 딱 적당한 양을 먹어서 그런 것 같아요." 그들은 자신이 충분하다고 느꼈다는 사실에, 밥을 먹고 기분이 좋아졌다는 사실에 놀란다. '많을수록 좋다'라는 슬로건은 불쾌할 만큼 배가 부르지 않으면 훌륭한 식사가 아니라고 생각하게 한다. 우리는 과식에 너무 익숙해졌다. 그래서 적당량을 먹고 기분이 좋아지는 것이 특이한 일이 되어버렸다.

내가 아는 한 식당은 미국과 영국에서 체인을 운영하는데, 영국 체인에서는 미국 체인과 음식 가격은 똑같지만 양이 절반이다. 나는 그게 전혀 놀랍지 않다. 그 식당이 정확히 어떤 철학으로 운영되는지는 모르겠지만, 아마도 '많을수록 좋다'는 아닐 것이다!

지구를 망가뜨리는 과도한 풍요로움

많을수록 좋다는 사고방식은 환대라는 개념과 무관하지 않은 듯하다. 찾아온 모든 이들에게 음식을 후하게 대접하고 풍요로운 느낌을 주고 싶어 하는 집주인을 떠올려보라. 아마도 이런 환대 문화는 명절이나 생일, 결혼식 때 풍성하게 먹고 즐기는 관습에서 생겨났을 것이다. 하지만 그저 1년에 몇 번 특별한 행사가 있을 때만 목격되던 이런 풍경이 요즘은 훨씬 더 흔해졌다. 우리는 추수감사절의 풍요로움을 매일의 일상에서 원한다. 나는 행사 음식을 주문받을 때 이런 사고방식을 종종 목격한다. 행사 주최자는 손님들에게 모자람 없이 넉넉하게 준비했다는 느낌을 주기 위해, 그리고 본전을 뽑아야겠다는 생각에 늘 1인분이 가급적 많은 양이기를 요청한다. 하지만 결국엔 음식 대부분이 남아서 버리게 된다.

많을수록 좋다는 사고방식이 야기하는 가장 크고 중요한 문제를 짚고 넘어가야겠다. 바로 양이 많아질수록 그만큼 쓰레기도 늘어난다는 사실이다. 이는 가정에서도, 슈퍼마켓에서도, 식당에서도 일어나는 일이다. 농무부 추산에 따르면 미국만 해도 매년 전체 식품 생산량의 약 30~40퍼센트가 버려진다. 이 수치와 함께 굶주리는 빈곤층 사람들의 숫자를 떠올리면 가슴이 답답하기만 하다. 농무부의 최근 보고서에 따르면 미국에서 3,500만 명 이상이 굶주림과 싸운다. 그리고 피딩아메리카Feeding America라는 비영리 단체의 연구에 따르면, 어린이 일곱 명 중 한 명은 식량 불안정 상태의 가정에 산다. 많을수록 좋다고 외치는 세상에서 아직도 많은 이들이 굶주림에 허덕인다는 사실은 엄청난 아이러니다.

세계 곳곳에서 음식 낭비와 식량 불안정의 문제를 해결하려는 노력이 벌어지고 있다. 이탈리아 셰프이자 음식운동가인 마시모 보투라Massimo Bottura는 푸드포소울Food for Soul이라는 기관을 설립해, 버려질 수도 있었을 식재료를 이용해 세계 곳곳의 저소득층 사람들에게 제공할 음식을 만든다. 브라질 셰프 알렉스 아탈라Alex Atala는 식당과 식료품점에서 버리는 재료를 맛있는 음식으로 변신시키는 방법을 연구한다. 그는 보통 버려지는 채소의 줄기와 잎을 활용하는데, 놀랍게도 바나나 껍질조차 튀겨서 요리로 만든다! 대부분 사람은 그렇게 융통성을 발휘할 줄 모른다. 식재료가 지닌 가치를 제대로 이해하고 알뜰하게 요리하는 법을 배운 적이 없는 탓이다. 비트의 줄기와 잎, 근대 줄기, 닭 뼈도 얼마든지 훌륭한 재료가 될 수 있다.

우리의 쓰레기통과 쓰레기 매립지가 점점 더 버려진 음식들로 채워지고 있다. 하지만 음식만이 문제가 아니다. 수천 킬로미터를 이동하는 제품들에서 나오는 엄청난 양의 상자와 뽁뽁이도 심각한 문제다. '눈에서 멀어지면 마음도 멀어진다'라는 말은 쓰레기 문제에도 딱 들어맞는다. 우리는 뭔가를 쓰레기통이나 재활용함에 던져 넣고 나면 마땅히 해야 할 일을 다 했다고 느낀다. 하지만 그 쓰레기는 사라진 것이 아니라 세상에 여전히 존재한다. 넘쳐나는 쓰레기는 일상 풍경의 일부가 됐다. 대도시에서는 공공장소의 쓰레기통 용량이 부족해 쓰레기가 보도 위로 지저분하게 흘러넘친다. 요즘은 창고식 보관 시설이 많아져서 사람들은 필요 없어진 물건을 그곳에 보관하고 또다시 새 물건을 산다. 뉴욕의 이스트강 인근에서는 아파트가 늘어선 한 블록 전체가 물품 보관 창고로 바뀌었다. 이게 대체 무슨 일이란 말인가? 내가 존경하는 작가이자 환경운동가인 웬들 베리Wendell Berry는 이렇게 말했다. "너무 많은 물건을 소유하지 마라. 그래야 집에 불이 나도 마음이 편하다."

미국인들은 자신이 이런 과도한 풍요를 누릴 자격이 충분하다는 생각에 익숙하다. 초강대국의 국민이므로 당연히 풍요로움을 누려야 한다고 느낀다. 패스트푸드 문화는 일주일 내내 열심히 일한 사람들을 먹이로 삼는다. 힘든 하루를 보냈으니 당연히 물질의 풍요를 보상으로 받아야 한다고 말한다. 더 많은 것, 더 큰 것은 우리에게 성공했다는 착각을 심어준다. 방마다 대형 스크린 TV를 놓고, 거대한 냉장고를 사고, 1년에 한 번밖에 안 타는 제트 스키를 장만하고, 옷장에는 한 번밖에 안 입은 옷들이 가득하다. 너무 큰 집을 사서 아예 쓰지도 않는 방들이 남아돈다. 로런 그린필드Lauren Greenfield 감독이 만든 다큐멘터리 〈베르사유의 여왕The Queen of Versailles〉은 그런 탐욕을 날카롭게 조명했다. 이 작품은 무려 8,400제곱미터 규모의 호화 저택을 짓다가 2008년 금융위기 이후 결국 건축을 중단해야 했던 억만장자 부부의 운명을 보여준다. 이 작품은 우리가 탐욕이 곧 행복의 길이라고 세뇌당하고 있다는 불편한 진실을 일깨운다.

많을수록 좋다는 가치관이 형성되는 데는 살아온 이력이 영향을 주기도 한다. 특히 전쟁 같은 힘든 시기를 겪었거나 가난한 환경에서 자란 사람들의 경우가 그렇다. 늘 뭔가가 충분하지 않으므로 가질 수 있을 때 최대한 많이 확보하고 싶어진다. 결핍에 대한 두려움이 작동하는 것이다. 그리고 패스트푸드 문화는 그런 불안감을 십분 활용한다.

우리는 그렇게 살 필요가 없다. 나는 제2차 세계대전 직후에 어린 시절을 보냈다. 우리 부모님은 크리스마스 때 생긴 포장지와 리본을 전부 모아뒀다가 잘 다리미질해서 다음 해에 다시 사용하곤 했다. 통조림 깡통도 모아뒀다가 어떤 식으로든 다시 썼고 신문도 차곡차곡 모아서 묶어놨다가 재활용했다. 우리는 여섯 식구였는데 집에 쓰레기통이 하나뿐이었다. 높이가 45센티미터쯤 되는 그 작은 쓰레기통을 일주일에 한 번씩 비웠다. 방에서 나갈 때는 반드시 전등을 껐다. 지금 내가 가진 환경 의식은 그런 어린 시절에 뿌리를 두고 있다. 물론 그때는 환경 문제가 뭔지도 몰랐지만 말이다. 나도 그때는 새 옷이 좋았고 언니가 입던 옷을 물려받는 게 싫었다. 새 것을 사고 싶은 마음이 늘 있었다. 당시는 미국이 풍요의 시대를 맞아 본격적인 소비 사회로 진입하던 1950년대였다. 길거리와 TV에 광고가 넘쳐났다. 우리 부모님이 중시했던 검소한 라이프스타일은 점점 사라지는 듯했다. 그런데 묘하게도 지금의 나 역시 해마다 포장지와 리본을 모아놓는다. 그리고 이제 내 딸도 그렇게 하는 모습을 보면 흐뭇한 기분이 든다. 나는 우리 모두가 쓰레기가 환경에 가져오는 재앙을 충분히 인식한다면 환경 보호를 위한 작은 행동들을 일상에서 실천할 새로운 방법을 찾을 수 있으리라고 생각한다.

많을수록 좋다는 가치관은 사업 규모에 관한 관점에도 영향을 준다. 나는 프랑스에서의 경험 이후 식당에 알맞은 최적의 규모는 따로 있다고 믿게 됐다. 프랑스에서 내가 가본 모든 식당은 손님을 30~40명쯤 받을 수 있는 작은 규모였다. 바는 있는 곳도 있고 없는 곳도 있었다. 내게는 그 정도가 운영하기에 딱 적당하다고 느껴졌다. 그리고 2개 이상의 식당을 동시에 운영하는 일은 상상할 수도 없었다. 그렇게 한다면 나는 거기서 누가 일하는지, 누가 찾아와 밥을 먹는지 알 수 없을 것이다.

요즘은 여기저기에 낸 지점들에 가느라 비행기를 타고 이동하는 식당 경영자도 많다. 모든 지점에서 똑같은 요리를 판매하는데, 그런 사업 모델로 성공하는 식당은 매우 드물다. 나라면 조직이 커질수록 내가 직접 꾸려간다는 느낌도, 진짜라는 느낌도 안 들 것 같다. 대규모 사업체 운영자는 컴퓨터나 소식지를 통해, 아니면 통계 수치를 보면서 필요한 정보를 얻는다. 그것은 누군가를 직접 만나 대화하는 것과 완전히 다르다. 내게는 식당을 운영하면서 사람들을 직접 만나고 알아가는 일이 매우 중요하다. 규모가 커지면 개성이 사라지고 공동체 감각도 사라진다. 또한 관료주의적 절차도 늘어난다. 제일 상부에 있는 사람들이 통제권을 갖고, CEO에게 권력이 집중된다. A는 자기 위에 있는 B에게 보고하고 B는 다시 자기 위에 있는 C에게 보고한다. 각 개인에게는 권한이 없다. 이 얼마나 기계 같은 프로세스인가. 그 반작용으로, 오늘날 많은 기업이 대규모 조직 문화에 인간미를 불어넣을 방법을 찾으려 고심하고 있다.

패스트푸드 프랜차이즈 역시 규모 확대의 결과물이다. 대기업들은 패스트푸드 프랜차이즈를 운영하면서 자사가 고객과 직접 교감하는 소규모의 '진짜' 식당을 운영하고 있다고 착각한다. 각각의 지점이 '해당 지역'의 느낌을 살린, 저마다 다른 매력적인 분위기를 만들 수는 있을 것이다. 하지만 대체로 거기서 파는 음식은 전부 똑같은 중앙 창고에서 온다. 그리고 대부분 패스트푸드 체인점은 재료를 납품받기 위해 특정 공급업체와 계약을 맺는다. 맥도날드 같은 대기업은 모든 지점에 충분한 재료를 공급하기 위해 산업화된 대형 농장에서 재료를 구매해야 한다. 예를 들어 프렌치프라이의 수요가 대단히 높기 때문에 이런 대기업과 거래하는 아이다호주의 산업화된 소수의 감자 농장은 규모가 더욱 커졌다. 이들 대형 농장은 소규모 감자 농장으로부터 계속해서 더 많은 땅을 사들였고 그 결과 소규모 농장들은 문을 닫을 수밖에 없었다.

성장과 발전을 위해서 반드시 규모를 키워야 한다는 고정관념을 깨기가 얼마나 어려운지 모른다. 예전에 교육과 농업에 관한 조언을 제공하는 자문단에 참여했는데, 그런 자리에서 으레 등장하는 질문이 역시나 제기됐다. "모든 학교의 학생들에게 유기농 음식을 먹이기 위해 시스템의 규모를 확대할 방법은 무엇인가요?" 나는 "그럴 필요가 없습니다"라고 즉시 대답했다. 그렇게 말하면 늘 순진하거나 이상적이라는 얘기를 듣는다. 공립학교에 다니는 수백만 명의 아이들을 먹이려면 재배 및 유통의 규모를 극적으로 키워야 한다는 생각이 모두에게 뿌리 깊이 박혀 있기 때문이다. 사실 나는 그 반대라고 생각한다. 중앙관리 방식을 탈피해 각 지역에 집중하면서 다양한 중소 규모 유기농 농장과 목장을 최대한 지원해야 한다. 일부 학교에서는 이미 이런 방식을 추진하고 있다. 학교 기금을 이용해 해당 지역의 유기농 생산자 네트워크로부터 직접 구매하는 것이다. 이렇게 하면 거대한 산업 식품 시스템 대신 많은 소규모 생산자의 성장을 도울 수 있다. 우리에게는 다각화된 새로운 지역 경제를 활성화할 커다란 기회가 있다.

다수의 사람에게 음식을 제공하는 일에서 탈중앙화를 생각해보자. 만일 1,000명에게 음식을 제공해야 한다면, 요리사 10명이 각각 100인분을 만드는 방법을 택할 수 있다. 그러나 일반적으로 사람들은 요리사 1명이 그 과정 전부를 관리해야 한다고 생각한다. 그러면 모든 음식을 똑같이 만들기 위해 공장의 조립 라인 같은 시스템이 필요해진다. 사람들은 대규모 행사를 요리사 1명이 관리하면 실수가 덜 발생할 것으로 생각한다. 하지만 내 경험에 따르면 그 반대다. 팀을 이뤄 함께 일하면 언제나 더 나은 결과물이, 더 풍성하고 흥미로운 결과물이 나온다.

사람들은 이런 탈중앙화 방식에 '틀림없이' 더 많은 비용이 들어갈 것이라고 말할지 모른다. 지역 공동체를 중심으로 그리고 유기농 방식으로 하는 것은 불가능하다고, 산업화된 농업 모델을 버릴 수는 없을 거라고 말이다. 그러나 그것은 패스트푸드 문화가 만들어낸 가장 큰 오해다. 사람들은 프로그램의 규모를 확대하지 않으면 현실성이 없다고, 비용 문제를 고려할 때 실행하기 힘들다고 생각한다. 이런 잘못된 생각은 대화의 진전을 막는, 그리고 창의적인 해법을 발견하지 못하게 하는 커다란 장애물이다. 그런 사고방식에서 던지게 되는 질문은 결국 이것이다. "어떻게 더 많은 수익을 올릴 것인가?" 많을수록 좋다는 가치관을 지탱하는 기둥은 탐욕이다.

We are what we eat

삶을 무너뜨리는 지나친 속도

속도는 패스트푸드 문화의 나머지 가치들에 동력을 제공하는 엔진이다. 뭐든 빨라야 하고, 더 빠를수록 좋다. 주문하는 즉시 내 손에 들어와야 한다. 원하는 것은 지체 없이 가져야 한다. 속도를 중시하는 문화에서는 즉각 만족감을 얻지 못하면 짜증이 난다. 성숙한 태도도, 숙고를 위한 시간도, 인내심도 존재하지 않는다. 사람들은 기대치가 이상한 방향으로 비뚤어지고, 쉽게 산만해진다. 모든 일에는 시간이 필요하다는 사실을, '훌륭한' 결과물이 나오려면 더더욱 그렇다는 사실을 잊어버린다. 먹거리를 키우거나, 요리를 하거나, 새로운 언어를 배우거나, 사업을 시작할 때, 그리고 타인을 알아갈 때도 시간이 필요하다. 하지만 현대인에게는 시간이 돈이다. 시간이 돈이 되는 순간, 우리의 일을 비롯한 많은 것이 의미가 없어진다.

우리는 어쩌다 이렇게 됐을까? 우리의 음식 문화는 어쩌다가 속도의 압력에 이토록 취약해졌을까? 나는 1950년대 음식 생산 시스템의 산업화가 그 시발점이라고 생각한다. 당시 냉동식품 회사들은 주부가 가족을 위해 음식을 만드는 것이 고된 노동이라는 생각을 퍼트렸다. 그러면서 조리 시간을 최대한 단축하거나 아예 없애는 것이 여성이 가사 노동에서 해방되는 길이라고 강조했다. 특히 직장에 다니면서 가족의 식사까지 챙겨야 하는 여성들은 이 말에 격하게 공감했다. 섬세한 미식 문화의 뿌리가 없는 미국인들은 속도 지상주의에 빠지기가 더 쉬웠다. 하지만 고유한 요리 전통을 가진 사람들(다양하고 색깔이 분명한 식문화를 가진 이민자와 아메리카 원주민) 역시 속도의 유혹에 넘어갔다. 1950년대에는 많은 미국인이 요리에서 즐거움을 느끼지 못했고 가족이 함께 모여 식사하는 전통에서도 멀어진 상태였다. 농부들은 맛과 영양에는 신경 쓰지 않고 작물의 대량 생산과 쉽고 빠른 운송에 집중했다. 패스트푸드 산업의 등장으로 우리 모두는 식문화의 근본이 되는 무언가를 잃어버렸다.

그와 동시에 1950년대에는 자동차 문화가 확산됐다. 자동차는 우리를 원하는 곳 어디든지 신속하게 데려다줬고 통제감과 자유를 선사했다. 먹는 행위도 그런 자동차 문화에 어울리는 모습으로 바뀌어갔다. 식당 바로 앞에 차를 세우고 차에서 내리지도 않은 채 음식을 살 수 있게 됐다. 빠른 것은 무조건 편리했다.

패스트푸드 문화는 음식에 시간을 들이는 것이 가장 중요하지 않은 일이라고 우리를 세뇌한다. 삶이 속도전이 되자 요리와 먹는 일이 가장 먼저 희생됐다. 내가 어린 시절을 보낸 1950년대 초반은 패스트푸드 문화의 초창기였다. 그때 우리 가족은 항상 함께 아침을 먹었다. 우리 네 자매는 아침에 일어나면 아래층으로 내려와 식탁에 앉아 시리얼 또는 토스트에 베이컨과 달걀을 먹었다. 어머니는 시간을 절약해준다는 주방 기기의 유혹에 조금은 넘어갔지만, 어쨌든 출근 전의 아버지를 포함해 우리 식구 모두가 매일 아침 같이 밥을 먹는 것은 당연한 일과였다.

　그 시절에는 우리뿐 아니라 다들 그랬다. 하지만 아침을 먹기 위해 따로 떼어놓는 시간(따지고 보면 점심이나 저녁도 마찬가지다)이 수십 년 사이에 점점 줄어들었다. 여러 조사에 따르면 소득 수준과 상관없이 오늘날 사람들이 요리하는 시간은 50년 전보다 훨씬 줄었고, 아예 음식을 만들지 않는 사람은 더 많아졌다. 우리는 요리가 시간이 너무 많이 걸리는 일이라는 생각에 익숙해졌다. 심지어 아침을 먹는 시간도 아까워한다. 그래서 간편하게 포장된 음식을 사서 차 안에서 먹는다. 미국에는 단 한 끼도 가족과 함께 먹지 않는 아이들도 굉장히 많다.

　20년 전 농업 연구 조직인 토양연구소Land Institute의 이사회 회의에 참석하기 위해 캔자스주 설라이나에 갔다. 공항에서 곧장 회의장으로 향했는데 도착하기 전에 뭘 좀 먹어야 할 것 같았다. 시간도 촉박하고 낯선 동네라 아는 식당도 없어서 큰맘 먹고 맥도날드로 향했다. 나는 정치적 이유로 수십 년 동안 맥도날드를 찾은 적이 없었다. 하지만 먹거리 전문가로서 유기농과 정반대 진영에 있는 음식에 관해 너무 몰라도 안 될 것 같았다. 주문부터 섭취까지 시간이 얼마나 걸리는지도 알고 싶었다. 게다가 배도 꽤 고팠다. 나는 드라이브스루 차선으로 들어가 햄버거와 프렌치프라이를 주문하고 돈을 지불한 뒤 음식이 담긴 봉투를 받아서 주차장으로 가 쓰레기통 근처에 차를 세웠다. 서둘러 음식을 먹은 뒤(정말 배가 고팠다) 포장지를 쓰레기통에 버렸다. 이 모두에 걸린 시간은 총 6분이었다.

나는 햄버거와 프렌치프라이가 영양가는 별로지만 맛있을 거라고 생각했다. 어떤 독특한 맛이 있을지 모른다고, 그 유명한 비법 소스에 뭔가 주목할 만한 점이 있으리라고 생각했다. 너무 큰 기대를 했던 것일까. 내가 먹은 햄버거는 특징이 전혀 없었다. 못 먹을 맛도, 훌륭한 맛도 아니었다. 그저 적당한 정도였다. 게다가 프렌치프라이는 딱딱하고 짰다. 사람들은 그런 맛을 좋아한다. 패스트푸드는 '당연히' 빠르다. 거기엔 의심의 여지가 없다. 하지만 나는 거기서 나오는 쓰레기들을, 인간미 없는 프로세스를 내내 떠올리지 않을 수 없었다. 게다가 6분 만에 내 몸속에 집어넣은 엄청난 열량은 또 어떤가. 나는 마치 주유소에 들러 기름을 넣은 자동차가 된 기분이었다.

우리가 음식과 관련해 속도에 민감해지는 것은 먹는 행위가 가장 기본적인 동물적 욕구인 탓도 있는 것 같다. 식욕은 그냥 단순한 욕구가 아니라 생존 메커니즘의 일부다. 우리는 하루에도 여러 번 반드시 뭔가를 먹어야 한다. 누구나 "배가

고파. 뭔가 먹어야겠어" 하는 순간이 수시로 찾아온다. 그리고 패스트푸드 산업은 그런 원초적인 식욕을 이용해 소비자를 낚으며 우리의 사고가 단순해지게 한다.

　속도를 중시하는 패스트푸드 문화에서는 음식 만드는 행위 자체를 평가절하한다. 요리 행위는 (심지어 효율적이더라도) 시간이 너무 많이 걸리므로 없어져야 한다는 게 그들의 논리다. 패스트푸드 문화는 "당신을 위한 음식이 5분 만에 완성됩니다"라고 말한다. 그렇게 빠르게 만들어내기 위해서는 그저 준비된 재료만 조합하면 음식이 완성되는 프로세스를 갖춰야 한다. 공장의 조립 라인처럼 말이다. 모든 재료를 먼 곳으로부터 대량 구매해 기계로 미리 조리한다. 그런 음식에는 생명력이 전혀 없다. 이는 요리라는 행위의 본질과 완전히 반대된다.

　속도가 삶을 지배하면 우리는 조급해지고 참을성이 없어진다. 흙에 씨앗을 심어 키워 먹을 시간을 낼 수 없으므로 이미 다 자란 식물을 구매한다. 즉각적인 만족감을 원하므로 더 **빠**른 방법을 찾는다. 과정을 무시하고 지름길을 택한다. 속도전에서는 과정이 중요하지 않다. 목적지만 중요할 뿐이다. 차를 운전할 때 목적지 주소를 스마트폰에 입력하면, 스마트폰은 거기까지 가는 데 가장 **빠**른 경로로 28분이 걸린다고 내게 말해준다. 하지만 만일 내가 고속도로를 타고 싶지 않다면? 버클리를 통과하는 예쁘고 조용하며 붐비지 않는 도로를 택하고 싶다면? 그 경로는 시간은 더 걸리겠지만 내게 다른 것을 경험할 기회를 또는 더 큰 즐거움을 줄지도 모른다. 오로지 목적지만 생각하면 이미 마음속에서는 그곳에 도착해 있다. 출발과 도착 사이에 있는 시간은 무의미해진다. 속도가 가장 중요한 사람에게 그 외의 나머지 문제들은 시야 밖으로 밀려난다. 즐거움도, 아름다움도, 맛도, 나중에 생기는 쓰레기도 중요하지 않다. 우리는 만족감이 최종 결과물에 있다고 생각하기 때문에 최대한 빨리 결승선에 도착하려고 질주한다. 하지만 그건 착각이다. 결승선에 도착하는 순간 또 다른 레이스가 시작되고 또다시 도착해야 할 결승선이 생긴다.

또한 속도는 마치 롤러코스터를 탈 때처럼 당신을 흥분시키는 묘한 마법을 부린다. 얼마 전에 나는 특별한 요리책을 한 권 주문했다. 프랑스에서 오는 책이었다. 그런데 놀랍게도 주문한 다음 날 책이 도착했다! 말 그대로 마법 같았다. 프랑스에 있던 책이 '짠!' 하고 내 눈앞에 나타났으니까. 우리는 그런 빠른 프로세스에 감탄하느라 현관 앞까지 그렇게 빨리 물건이 배달되는 과정에 수반되는 다른 모든 요소는 잊어버린다. 제품이 어디에서 만들어지는지, 그런 총알 배송이 환경에 어떤 영향을 미치는지는 생각하지 않는다. 그리고 결국 속도 중독은 접근성에 대한 우리의 관점을 변질시킨다. 그런 빠른 패턴에 익숙해지면, 다음에 책을 주문했을 때 도착까지 시간이 조금 더 걸리면 반사적으로 "왜 이렇게 오래 걸리는 거야?"라고 조바심을 내게 된다. 프랑스에서 오는 택배도 '당연히' 하루 만에 도착해야 한다고 생각하게 된다.

빠르게 달리다가 갑자기 속도를 줄이면 현기증이 일어난다. 속도가 삶의 일부가 되면 속도 자체가 일종의 즐거움이 되고, 속도가 사라질 때 결핍과 공허감을 느낄 수 있다. 이를 채우려고 우리는 스마트폰을 집어 들고 게임을 한다. 그러면 어느 정도 마음이 안정된다. 요즘엔 나조차 가끔 욕조에 스마트폰을 갖고 들어간다. 언젠가 이런 글을 읽었다. 전자 기기 안에서 빠르게 바뀌는 이미지를 계속 보면 뇌가 거기에 익숙해진다고 한다. 빠르고 화려한 영상을 보며 즐거움을 느낄 때 뇌에서 도파민이 다량 분비된다. 따라서 스마트폰이 없어지면, 빠르고 현란한 이미지들이 눈앞에서 사라지면, 뇌에서는 금단 증상과 유사한 생화학적 반응이 일어난다. 우리는 자극을 갈망한다. 즉각적인 만족을 계속 경험하면 도파민이 분비

되기 때문이다. 패스트푸드 기업들은 누구보다 그것을 잘 알기에 영리하게 이용한다. 그들의 광고는 화려한 이미지를 빠르게 보여주고 우리 뇌는 그것을 보며 즐거움을 느낀다.

어떤 면에서는 속도 중독이 외로움을 키우는 것 같다. 우리는 문자 메시지를 보내고 곧장 답장이 오기를 기대한다. 바로 답장이 오지 않으면 마음속이 온갖 생각으로 시끄러워진다. '하루나 지났잖아. 나를 싫어하나? 뭔가 잘못된 걸까? 내가 문제인가? 혹시 내가 말실수를 했나?' 그렇게 자신을 의심하며 괴로워한다. 답장을 곧바로 받지 못하면, 무엇이든 빠른 속도로 진행되지 않으면, 우리는 외로움과 공허감을 느낀다. 소파에 누워 혼자 있는 시간을 즐기는 것은 쓸데없는 일로, 심지어 해서는 안 될 일로 여겨진다.

행복한 삶을 위한 최소한의 시간

어른들이 속도에 집착하면 아이들 또한 자기도 모르는 새에 함께 휩쓸린다. 그러나 아이들에게는 '시간'이 필요하다. 아이들에게 지시를 내리고 그들이 즉시 따르기를 바라서는 안 된다. 아이들에게 필요한 것은 함께 있어 주는 일이다. 그런 시간은 당신에게도 선물이 된다. 필요한 순간에 어른이 아이 곁에 있어 주는 일은 몹시 중요하다. 로저스 아저씨(《로저스 아저씨 네 동네 Mister Rogers' Neighborhood》라는 유명 어린이 프로그램의 진행자-옮긴이)가 아이들에게 인기가 많았던 것도 그 때문이다. 그는 절대 재촉하지 않고 관심을 기울이는 것이 무엇보다 중요함을 우리에게 일깨워주었다. 그러면 모든 것이 달라진다. 너무나 많은 어른이 재촉하지 않는 법을 모른다. 뭐든 빨리빨리 해야 직성이 풀린다. 그러다 보면 아이들까지 우리의 속도 중독을 무의식적으로 물려받게 된다.

속도 지상주의가 우리 삶에 만들어내는 또 다른 풍경들을 생각해보라. 예컨대 요즘 의사들은 한 시간당 진료하는 환자 수를 최대한 늘리려고 애쓴다. 예전에는 차분히 대화를 나누면서 환자를 파악하는 것을 중요하게 여겼지만 요새는 환자가 진료실에 들어가자마자 나온다(패스트푸드 식당 중 이름을 제일 잘 지은 것은 인앤아웃 In-N-Out이다. '들어가자마자 나온다'는 패스트푸드의 정체성을 직관적으로 보여주니까!). 도축 공장에서 노동자들이 작업을 빨리빨리 진행하느라 다칠 위험이 높아진다는 보도는 충격적이다. 당연히 패스트푸드 식당은 자신이 쓰는 고기를 어디서 공급받는지 굳이 밝히고 싶어 하지 않지만, 우리는 그 고기가 그런 산업화된 도축 공장에서 온다는 사실을 안다. 언젠가 에릭 슐로서와 함께 행사를 진행할 때, 그가 도축 공장의 위생 작업자들(대부분 가난한 이민자다)이 공장 설비를 한밤중에 청소한다는 얘기를 들려주었다. 이는 공장 내에서도 보수가 가장 낮은 축에 속하고 매우 위험하며 역겨운 일이다. 생산 라인이 절대 중단돼서는 안 된다는 규칙 탓에 낮이 아닌 밤에 청소를 하는 것이다. 심지어 노동자가 다쳐도 생산을 멈추지 않는 곳이 많다. 노동자들은 휴식 시간을 갖는 것도 눈치를 봐야 한다.

 속도 지상주의에 동반되는 이런 어두운 측면은 코로나19가 세상을 강타한 시기에 확연히 드러났다. 육류 가공 공장은 직원 다수가 코로나19에 걸린 상황에서도 평상시처럼 공장을 운영할 수 있는 권한을 부여받았다. 이 때문에 많은 공장이 바이러스 확산의 진원지가 되었다. 나중에 종업원 확진자가 너무 많아지자 공장들은 그제야 가동을 중단했다. 그러자 이들 공장에 돼지를 납품하다가 판로를 잃은 축산업자들은 팬데믹으로 인한 식재료 공급 위기의 시기에 대안적 방법을 모색하기는커녕 단순히 가축을 안락사하는 방법을 택했다.

 미국의 심각한 문제는 비인간적 근로 환경 속에 '일'만 있고 '사람'은 없어진다는 사실이다. 나는 그것이 속도를 끊임없이 강조하는 가치관 탓이라고 생각한다. 그런 가치관은 사람들이 자기계발이나 발전의 여지가 전혀 없는 환경에서 일할 수밖에 없게 한다. 능력을 한껏 갈고닦을 기회가 차단되면 사람들은 일에서 의미를 느끼지 못하게 된다. 그런 기회를 빼앗는 것, 형편없는 임금을 주면서 일에 자부심을 느낄 수도, 발전할 수도 없게 하는 것은 그들을 감옥에 가두는 것과 다를 바 없다. 그들에게 일은 고역스러운 것이 된다.

많은 이들이 '일은 하기 싫은 것'이라고 생각한다. 그러나 장담하건대, 당신이 패스트푸드 문화가 만들어냈거나 지원하는, 또는 그와 동일한 가치관으로 작동하는 시스템에 속하지만 않는다면 일은 고역스러운 것이 되지 않을 수 있다. 어려운 시기라도 우리는 일을 하며 가치 있는 존재라는 기분과 성취감을, 목적의식과 만족감을, 모종의 즐거움을 느낄 수 있어야 한다. 패스트푸드 문화는 속성상 그런 가능성을 제거해버린다. 그것은 패스트푸드 문화가 생존하는 길이기도 하다. 패스트푸드 문화는 우리에게 일이란 무의미하고 공허한 것일 뿐이라는 생각을 심어준다. 일이란 돈을 벌기 위해 재빨리 해치워야 하는 무언가다. 패스트푸드 문화는 우리의 인간성을 고갈시킨다. 슬프게도 우리는 그 안에서 일하면서 자신도 모르는 새에 그 문화를 더 강화하고 그 안에 더욱 갇혀버린다.

패스트푸드 문화는 일이란 하기 싫은 것이라고 우리를 세뇌하는 데서 그치지 않는다. 그처럼 억지로 일하는 불만 가득한 삶에서 느끼는 공허함을 채워줄, 이른바 '즐거움'들을 제공한다. 패스트푸드 자체도 그중 하나다. 그리고 비디오게임, TV, 인터넷, 술, 마약 등이 우리에게 행복을 주겠다고 아우성친다. 패스트푸드 문화는 '일'과 '즐거움'을 완전히 별개의 것으로 분리한 뒤 그것을 이용해 돈을 번다.

속도에 중독돼 빠르게 달리면 정작 봐야 할 것들을 놓치고 만다. 속도가 패스트푸드 문화의 엔진이기 때문에 우리는 진지하게 생각해봐야 할 다른 문제들을 그냥 지나친다. 자기 입으로 들어가는 먹거리가 어디서 생산됐는지 생각해볼 시간이 없다. 식품 가격이 왜 그렇게 싼지 생각해볼 시간이 없다. 화려한 광고 뒤에 숨겨진 꿍꿍이가 뭔지 생각해볼 시간이 없다. 패스트푸드 문화가 강조하는 가치들이 들불처럼 퍼져 삶을 위협하고 파괴하는 현실을 직시할 여유가 없다. 그러나 정신을 차리고 속도를 늦춘다면 세상의 모습을 또렷하게 볼 수 있다. 우리의 현실 인식은 변화할 수 있다. 그리고 우리에게 세상을 변화시킬 힘이 얼마든지 있음을 깨달을 수 있다.

A SLOW FOOD

We are what we eat

2부

슬로푸드 문화

패스트푸드 문화가 일상에 얼마나 깊숙이 들어와 있는지 인식하면 마음이 한없이 무거워진다. 그러나 그 깨달음은 행동을 취하도록 우리에게 동기를 부여하는 강력한 계기가 될 수도 있다. 다행히 패스트푸드 문화에 맞설 대안이 이미 존재한다. 바로 '슬로푸드 문화'다.

 슬로푸드 문화는 전에 없던 새로운 것이 아니다. 사실 인류 탄생 시점부터 사람들에게 기본이 됐던 문화다. 우리의 많은 풍습과 관습은 원래 자연에 뿌리를 두고 있었다. 오늘날 많은 이들이 슬로푸드 문화의 언어 앞에서 혼란을 느낀다. 공동체, 베푸는 마음, 협력 등 이 문화의 가치를 정의하는 단어들이 그동안 너무 남용되거나 마케팅 수단으로 활용된 탓에 사람들이 그런 표현을 더는 진지하게 받아들이지 않는다. 그러나 그 가치들은 분명히 보편적인 힘을 지닌다. 그렇지 않다면 어째서 기나긴 세월 동안 세계 곳곳에서 문화의 바탕이 되었겠는가? 그런데 어째서 그 가치들이 지금의 우리에게 말을 걸어오고 있을까?

무엇보다 다행인 점은 슬로푸드 문화의 가치들이 접근하기 어려운 것이 결코 아니라는 사실이다. 우리 모두는 자연의 주기와 리듬의 일부인 존재다. 그러므로 슬로푸드 가치는 이미 우리 안에 내재해 있다. 윤리적으로 키운 먹거리를 요리하고 먹고 제공한다면 우리는 단순히 음식 섭취에서 그치는 것이 아니라 슬로푸드 문화의 가치를, 즉 우리에게 환경과 생태계에 대한 인식을 심어주는 가치를 흡수할 수 있다.

We are what we eat

잃어버린 아름다움을 찾아서

미술, 시, 음악, 건축, 무용 등 삶에서 아름다움을 표현하는 방식은 무수히 많다. 어떤 아름다움은 주관적이다. 예컨대 내가 아름답다고 느끼는 것을 당신은 그렇지 않다고 느낄 수 있다. 그러나 자연에서 오는 아름다움은 보편적이다. 누구나 저녁노을을 보며 황홀해하고 웅장한 산이나 폭포를 바라보며 경이로움을 느낀다. 자연이 빚어내는 이런 보편적 아름다움을 경험할 때 우리는 자신보다 더 큰 존재 안에 있음을, 생명의 신비로움과 연결돼 있음을 느낀다. 아름다움은 우리의 생물학적 구성물의 일부다. 아름다움은 우리가 세상을 인식하는 능력을 키워주고 삶에 경외감과 기쁨을 불어넣는다. 먹거리의 아름다움을 느낄 줄 알면 인생이 달라진다.

우리는 아름다움이라는 가치를 잊고 살기 쉽다. 그러나 내게 아름다움은 가장 중요한 슬로푸드 가치이며 나머지 모든 가치를 아우른다. 아름다움의 힘이 제대로 인정받지 못하는 현실이 슬플 따름이다. 숱하게 많은 이들이 아름다움에 대한 말을 남겼다. "아름다움은 진리이고 진리는 아름다움이다." "아름다움은 보는 사람의 눈에 달렸다." "아름다운 것은 영원한 기쁨이다." 이런 말을 자꾸 듣게 되는 것은 우리가 인정하든 인정하지 않든 그만큼 아름다움이 삶에서 중요하기 때문이다. 아름다움에는 힘이 있다. 나는 아름다움이 가장 중요한 힘이라고, 누구나 그것을 발견할 수 있다고 생각한다. 우리는 아름다움을 갈망한다. 때로는 지독하게 갈구한다.

 나는 자연의 아름다움을 어느 정도 느낄 줄 아는 아이였다. 저녁노을과 울긋불긋 물든 단풍을, 개울에서 주워 모으는 매끄러운 돌멩이를, 봄의 라일락 향기를 참 좋아했으니까. 하지만 그런 것들이 일상생활에서 중요하다고 생각하진 않았다. 아이들이 대개 그렇듯 나도 그런 자연의 모습을 그저 당연하게 여겼다. 그런 생각이 바뀐 것은 프랑스 유학을 갔을 때다. 나는 그곳에서 문화적·미학적인 깨달음을 경험했다. 생트샤펠 성당을 구경하고, 폴 베를렌Paul Verlaine의 시를 읽고, 가르니에 궁 오페라 하우스에서 다비드 오이스트라흐David Oistrakh의 베토벤 바이올린 협주곡 연주를 들으면서 아름다움에 대한 내면의 눈이 활짝 열렸다.

 그러나 지금 되돌아보면 그 모든 경험의 정점을 찍은 것은 야생 딸기를 맛본 경험이었다. 그 딸기는 전에 먹어본 적이 없는 맛이었다. 대개 사람들은 '아름다움'이라고 하면 눈으로 보거나 귀로 들을 수 있는 것을 먼저 떠올린다. 그러나 나는 냄새와 촉감, 맛이 우리의 존재와 더욱 긴밀하게 연결된 아름다움을 지닌다고 생각한다. 생명력 가득하고 향긋하며 조그만 그 야생 딸기는 몸 안에 들어오는 순간 말 그대로 나라는 존재의 일부가 되었다. 야생 딸기는 나를 완전히 새로운 맛의 세계에 눈뜨게 했다. 그 후로 나는 그처럼 강렬한 맛을 찾아 나서는 여정을 시작했다. 그 여정은 내가 세상에서 아름다움을 경험하는 폭을 훨씬 더 넓혀주었다.

　1966년 돌아온 버클리에서 한창 확산되고 있던 패스트푸드 문화는 파리와 너무 극명한 대조를 이루었다. 한마디로 문화 충격이었다. 음식과 건축과 예술의 풍부한 전통을 가진 파리의 슬로푸드 문화 속에서 1년을 살고 돌아온 직후였으니까. 미국인들이 물건을 구매하고 음식을 먹는 방식은 전혀 아름답지 않았다. 훌륭한 음식과 분위기를 가진 작은 카페와 식당도 없었고, 막 수확한 잘 익은 과일과 채소를 파는 거리 시장도 없었으며, 먹거리를 직접 키워 먹는다는 개념도 없었다. 물론 버클리에서도 지역 협동조합에 유기농 먹거리가 있었지만 막상 가서 보면 사고 싶은 마음이 전혀 안 들었다. 나는 물론 유기농 농업을 응원했지만, 1960년대의 협동조합이나 유기농 상점에서 파는 농산물은 제대로 관리가 안 됐거나 너무 자란 뒤에 수확한 것이 많았다. 품질 좋은 상품은 주로 고급 식료품점에 납품됐기 때문이다.

　나는 예쁘고 맛있는 먹거리는 부자들만 먹을 수 있는 것이라는 생각에 반감이 들었다. 물론 그건 지금도 마찬가지다! 프랑스에서는 대부분 사람이 제철 과일과 채소를 쉽게 구할 수 있었다. 제철 식재료를 공급할 수 있도록 먹거리를 키웠고 소비자들도 제철 재료 위주로 장을 봤다. 음식의 아름다움이 일상생활에 깊숙이 통합돼 있었다. 프랑스에서의 경험으로 진정한 아름다움에 눈을 뜬 내가 그 눈을 다시 감는 일은 불가능했다. 나는 그런 슬로푸드 세계와 그 가치들을 계속 지키고 싶은 마음에 요리를 시작했다.

버클리에 사는 프랑스 화가 마르틴 라브로Martine Labro는 나의 미적 감각을 한층 성장시켜준 친구다. 그녀는 단순하고 소박한 물건으로 집을 꾸몄다. 누군가가 쓰다가 필요 없어져서 버린 예스러운 물건을 좋아했다. 그녀의 미적 가치관은 돈이나 물질과 무관했다. 실제로 소유한 물건도 많지 않았다. 필요한 물건을 벼룩시장에서 샀고 거기에 원하는 물건이 없으면 직접 만들어 쓰곤 했다. 그녀는 무엇을 고를 때든 신중하게 생각했다. 어떤 의자를 살까? 어떤 모양의 잔을 사용할까? 식탁에는 어떤 꽃이 어울릴까? 그리고 가장 중요하게는, 어떤 재료로 요리를 할까? 그녀에게 음식과 아름다움은 동의어였다. 요리를 아주 잘했고 그녀가 만든 음식은 하나같이 섬세하고 창의적이었다. 검소한 음식의 아름다움을 아는 사람이었다. 닭 한 마리로 열 사람이 먹을 음식을 만들 수 있음을 내게 처음 알려준 것도 그녀였다. 그녀는 오래된 아름다운 사기 접시에 직접 기른 맛 좋은 허브와 채소를 곁들여서 적은 양의 음식도 풍성히 느껴지게 하는 재주가 있었다.

 셰파니스를 시작했을 때 우리는 자금이 충분하지 않았다. 그래서 마르틴에게 배운 아름다움과 소박함을 우리 식당에서도 실천했다. 메뉴가 한 가지뿐이었던 것은 필요한 재료의 양을 정확히 파악해서 쓰레기를 줄이고 싶었기 때문이다. 우리는 식당 내부를 꾸밀 돈도 없었다. 그래서 마르틴의 방법을 썼다. 벼룩시장에서 (짝도 안 맞는) 은식기류를 사고 샐비지 스토어(salvage store, 수출입 과정에서 생기는 재고, 반품 등으로 일반 매장에 나갈 수 없는 상품을 시중보다 저렴하게 파는 가게-옮긴이)에서 등받이가 높은 중고 의자들을 구입했다. 계단에는 빈티지 러그를 깔아서 식당이 아니라 누군가의 집에 들어가는 것 같은 느낌을 줬다. 모든 게 새것이어야 한다는 생각을 버리니 돈을 별로 안 들이고도 근사한 물건을 장만할 수 있었다.

 식당 홀을 배치할 때는 몬테소리 교육에서 교실을 꾸미는 방법을 떠올렸다. 동선과 각도를 세심하게 고려해 테이블을 배치하고 홀의 조명도 신경 썼다. 손님들이 들어오자마자 마음을 확 빼앗기게 하고 싶었다. 따뜻하고 푸근한 느낌을 주고 싶었다. 내가 파리에서 사랑에 빠졌던 동네 식당들처럼 말이다. 단순히 음식의 맛뿐 아니라 그것을 먹는 공간의 특별한 아름다움을 만들기 위해 쏟은 정성도 손님들의 기억에 남는다고 믿었기 때문이다.

아름다움은 슬로푸드의 또 다른 가치인 단순함에서 온다. 세파니스를 운영하면서 우리가 내린 많은 결정은 음식의 1회 제공량과 연결돼 있었다. 나와 직원들 모두 프랑스 문화를 사랑했기 때문에 한 번에 소량씩 서빙하는 코스 요리 방식으로 음식을 제공하기로 했다. 소량을 플레이팅하면 눈으로 보는 즐거움도 커지고 맛도 더 깊이 음미할 수 있다. 음식에 대한 나의 미적 감각을 키워준 것은 프랑스에서 경험한 요리들과 엘리자베스 데이비드의 요리책 표지에 실린 예술적 사진이었다. 독특한 유리병에 담긴 레드와인, 클래식한 그릇에 담긴 수프, 갓 구운 바게트, 염소젖 치즈 조각을 곁들인 잘 익은 무화과 한 접시 등. 그 사진들에서 느껴지는 단순함과 친밀함이 우리 식당의 테이블 세팅에서도 느껴지길 바랐다.

내가 원하는 것은 완벽한 음식이 아니라 진정성 있는 음식이었다. 나는 음식의 진정성이란 식재료가 생산되는 방식과 연결돼 있다고 믿는다. 그 둘은 분리해서 생각할 수 없다. 음식은 자연과 떼려야 뗄 수 없는 관계다. 공장식 농장에서 온 먹거리는 전혀 아름답지 않다. 아무리 예쁘게 만들어도, 아무리 영리하게 진열해도 마찬가지다.

아름다움을 구성하는 단순한 요소들

미적 감각은 단순히 화려한 외적 요소들로 표현되는 것이 아니다. 각 개인은 자신만의 미적 감각에 따라 각자의 방식으로 자신을 표현한다. 그동안 수많은 셰프가 우리 식당의 주방에 들어왔는데 다들 자신만의 미적 감각을 갖추고 있었다. 이탈리아식이든 멕시코식이든 일본식이든 브라질식이든, 그들이 만드는 음식은 집사 정신stewardship과 풍부한 영양, 지역사회 의식이라는 기본 가치들에 뿌리를 두고 있다. 이들 셰프는 우리 주방에 꼭 필요한 다양성을 수혈해주는 것은 물론이거니와, 자기만의 미적 감각을 발휘해 그런 가치를 창의적으로 해석하고 표현한다. 그리고 우리 식당에서 모든 요소가 맞아떨어질 때, 즉 음식이 제대로 조리되고, 손님들이 즐거워하고, 늦은 오후의 황금색 햇빛이 식당 안을 은은하게 물들일 때면 그 모습을 '아름답다' 이외에 다른 말로는 표현할 수가 없다. 그 시공간의 아름다움과 조화를 손님과 직원 모두가 동시에 느낀다. 마치 발레 공연을 볼 때처럼 말이다.

에더블 스쿨야드 프로젝트에서는 '아름다움은 보살핌의 언어다'라고 말한다. 무슨 의미일까? 새로 조성한 교내 텃밭 옆에 세운 낡은 이동식 건물에서 '요리하는 교실'을 처음 시작했을 때 우리는 질서정연함에 신경 썼다. 주방용 절구와 절굿공이를 한곳에 모아놓고, 다양한 색상의 체들을 한곳에 정리하고, 유리잔 역시 정해진 곳에 정리했다. 방 안에 뭐가 있는지 한눈에 볼 수 있도록 말이다. 늘 교실 안을 깔끔하게 정리된 상태로 유지했다. 그래서 아이들이 필요한 물건을 쉽게 찾을 수 있게, 쓴 물건을 제자리에 갖다 놓을 수 있게 했다. 교실 벽은 부드러운 노란색으로 칠하고 창문도 깨끗하게 닦았다. 튼튼한 테이블을 설치하고 지역 장인이 제작한 광택 나는 회녹색 콘크리트 상판을 얹었다. 벽 여기저기에 빈티지한 느낌의 식물 그림도 걸었다. 그리고 초창기부터 에더블 스쿨야드 프로젝트에 큰 힘을 실어준 예술가이자 교사인 에스터 쿡Esther Cook의 아이디어로, 그날그날 텃밭에서 수확한 과일과 채소, 꽃을 모아놓는 공간을 한쪽에 마련했다.

이렇게 꾸며진 주방에 들어오는 사람이 가장 먼저 느끼는 것은 공간의 아름다움이다. 그런 공간에 딱 들어서면 풍성함과 넉넉함의 기운이 자신을 맞이해준다는 느낌을 받는다. 아이들은 방과 후에 이곳에서 숙제를 하고 싶어 했다. 편안하고 기분이 좋기 때문이다. 우리는 수확물을 모아놓는 공간에 감귤을 가득 담은 바구니와 야생화로 만든 꽃다발을 놓아둠으로써 아이들에게 누군가가 그들을 생각하고 있다는, 그들이 보살핌을 받고 있으며 소중한 존재라는, 그들이 안전한 교육 환경에 있다는 무언의 메시지를 전달했다. 이것이 '아름다움은 보살핌의 언어다'라는 말이 의미하는 바다. 이보다 더 중요한 것이 있을까? 아름다움이 담긴 행위가 꼭 복잡하고 정교해야 하는 것은 아니다. 화려할 필요도 없다. 나무에서 방금 딴 라즈베리 한 움큼이나 꽃 핀 로즈메리 가지 몇 개를 도시락에 넣어주는 것, 저녁 식탁에 촛불을 켜놓는 것, 그것만으로도 충분히 아름답다.

  내게 미적 감각이 너무나 중요한 탓에 나는 간혹 너그럽지 못한 사람으로 변하고 만다. 어쩔 수가 없다. 패스트푸드 문화가 소리 없이 일상에 스며 파괴적 영향을 미치는 것을 늘 경계하는 나는 무언가가 진정성을 지녔는지, 패스트푸드 문화의 요소는 없는지 판단할 때 아름다움을 판단 기준으로 삼곤 한다. 우리의 일상에서 아름다움은 우선순위 목록의 점점 더 아래쪽으로 밀려나고 있다. 인간의 욕구를 계층화한 도식에서도 미에 대한 추구는 상대적으로 덜 중요한 쪽에 자리한다. 패스트푸드 문화는 아름다움을 간과하거나 악용하며, 그 결과 편리함, 획일성, 속도 같은 패스트푸드 문화의 가치들이 우리 삶을 잠식해간다. 우리는 아름다움의 중요성에 너무 둔감해져서 그것이 우리의 행복과 생존에 없어서는 안 될 요소라는 사실을 잊어버린다.

생존을 위한 아름다움

아름다움이 행복에 영향을 미친다는 사실은 누구나 안다. 그러나 아름다움이 우리의 생존을 도와준다는 사실을 아는 사람은 많지 않다. 웬들 베리는 말했다. "우리가 살고 있는 공간이 아름다운지 아닌지가 결국 가장 중요하다. 추함이 스며든 곳에 가장 먼저 나타나는 증상은 착취와 고갈이다." 나는 그가 무슨 말을 하고자 했는지 알 것 같다. 아름다움은 단지 우리의 미적 감각을 일깨우는 가치일 뿐만 아니라 시스템이 올바르게 작동하고 있는지, 그것이 생명력 있고 건강하며 풍부한 결과물을 낳을 능력을 지녔는지 판단하는 기준도 된다. 자연의 아름다움은 집사 정신이 실천되고 있는지, 즉 땅을 제대로 보살피며 보호하고 있는지를 보여주는 외적 결과물이다.

아름다움은 보살핌의 언어지만, 보살핌의 결과물이기도 하다.
 우리는 극도로 아름다운 것을 볼 때 경외감을 느낀다. 아름다움은 우리를 놀라게 한다. 우리와 자연 사이에 놓여 있다고 믿었던 경계선을 허물어트린다. 아름다움은 인간의 통제나 이해의 영역 밖에 있는 무엇이며 초월적 보편성을 지닌다. 마이클 폴란은 저서《마음을 바꾸는 방법》에서 경외감이 인간의 근원적 감정이며, 이 감정이 이타적 행동을 촉진하기 위해, 그리고 우리가 자신보다 커다란 무언가의 일부라고 느끼게 하기 위해 진화했을지 모른다고 말한다. "그 커다란 무언가란 사회 전체일 수도, 자연일 수도, 또는 영적 세계일 수도 있다. 그것이 너무 강력하고 거대해서 상대적으로 나라는 존재는 작게만 느껴지고 나의 편협한 이기심은 덜 중요해진다. … 경외감의 체험은 이기주의의 훌륭한 해독제인 듯하다." 그래서 아름다움이 중요한 것이다. 우리도 모르는 사이에 아름다움이 촉발하는 경이로움의 감정은 우리를 겸손하게 한다. 방어적 태도와 굳게 닫힌 마음을 녹여 협력하고 공감하는 인간으로 만들어준다.
 아름다움을 우선순위의 가장 높은 곳으로 끌어올려야 한다. 날마다 사용하는 물건에, 날마다 먹는 음식에 아름다움을 더하는 일은 너무나 중요하고 얼마든지 가능하다. 음식은 일상에서 아름다움을 찾는 가장 쉬운 방법이다. 누군가와 함께 밥을 먹는 경험은 우리를 즐거움과 유대감으로 이끌어준다. 나는 이것을 확실하게 말할 수 있다. 지난 50년간 우리 식당에서 수없이 목격했기 때문이다. 지난 25년간 학교의 수많은 아이들에게서도 목격했다. 음식을 만들고 함께 먹는 일, 그것은 우리의 모든 감각을 만족시키는 아름다움을 날마다 경험할 수 있는 길이다.

We are what we eat

생물 다양성을 존중하는 먹거리

생물 다양성은 모든 시스템 안에 존재하는 다양한 구성요소를 우리에게 상기시킨다. 대개는 다양하고 독특한 특성이 섞여 있어야 시스템이 더 풍부하고 강해지며, 더 똑똑하고 회복력이 높아진다. 획일성과 반대로 생물 다양성은 각 종이 지닌 고유한 특성들이 모여 강력한 네트워크가 만들어진다는 사실을 보여준다. 생물 다양성은 모든 종에게 각자의 자리와 역할이 있음을 우리에게 일깨운다. 생물 다양성을 존중한다는 것은 곧 타자에 대한 암묵적 인정을 의미하며, 이는 자연스럽게 수용과 협력, 통합의 가치를 촉진한다.

많은 이들처럼 나 역시 BBC의 명작 다큐멘터리 〈살아 있는 지구Planet Earth〉를 봤다. 나로서는 그 감동과 경이로움을 여기에 옮길 재간이 없다. 아마존에 사는 수많은 종류의 나비, 셀 수 없이 많은 품종의 침엽수, 수천 종에 달하는 벌들에 이르기까지 지구상에 존재하는 생명체의 다양함은 정말이지 숨이 막힐 정도로 감동적이다. 생물 다양성은 거대하고 복잡한 생태계를 지탱하는 기본 뼈대다.

 내가 음식에 끊임없이 매혹되는 이유 중 하나는 생물 다양성이다. 식재료의 다양함에 끝없이 놀란다. 얼마 전 테네시주에 갔는데 그때까지 한 번도 본 적이 없는 알록달록한 색의 콩 품종 두 가지를 알게 됐다. 그 콩을 보자마자 우리 식당에 재료를 납품하는 농장주에게 빨리 보여줘서 캘리포니아주에서 재배할 수 있는지 알아보고 싶었다. 콩 종류라면 전부 안다고 생각했는데, 새로운 두 종류가 눈앞에 나타난 것이다! 이런 경험을 할 때면 눈이 확 뜨이는 기분이다. 호기심이 발동하고 얼른 맛을 보고 싶어진다. 이런 작은 깨달음은 대부분의 과일이나 채소에서 경험할 수 있다. 우리는 주황색 당근에 익숙하다. 하지만 당근도 색깔이 굉장히 다양하다. 흰색 당근, 붉은색 당근도 있고 레몬처럼 노란 것도 있다. 당근은 주황색이어야 한다고 믿고 있다가 그 고정관념을 깨트리는 당근을 만나는 것은 기분 좋은 충격이다. 이런 생물 다양성은 접시 위의 음식을 예술로 만들어준다. 흰색 당근과 보라색 당근을 섞은 마법 같은 샐러드로 누군가를 유혹하는 일은 꽤 즐겁다. 단숨에 당신은 음식으로 그의 마음을 얻게 된다.

셰파니스를 운영하는 동안 생물 다양성의 중요성을 잊은 적이 있다. 가축에게 먹이는 유기농 사료에만 신경 쓰느라 품종의 중요성을 간과한 것이다. 나는 늘 방목하는 유기농 닭만 구매했으므로 닭들이 어떻게 키워지는지, 무엇을 먹는지에 특별히 신경 썼다. 그러다가 다큐멘터리 영화 〈동물을 먹는다는 것 Eating Animals〉을 보고 농장주 프랭크 리스 Frank Reese 와 그가 키우는 토종 칠면조를 알게 됐다. 오랜 세월 전해 내려오는 품종의 칠면조였다. 헤리티지푸드 Heritage Foods (토종 품종 육류 및 가금류를 취급하는 유통 회사로, 헤리티지 칠면조 프로젝트^{Heritage Turkey Project}를 통해 토종 칠면조의 품종 보존에 기여했다-옮긴이)를 운영하는 내 친구 패트릭 마틴스^{Patrick Martins}는 "프랭크가 키우는 칠면조를 꼭 먹어봐야 해"라면서 냉동 칠면조를 보내줬다. 나는 속으로 '냉동인데 맛있어 봐야 얼마나 맛있겠어' 하며 반신반의했다. 그런데 조리해보고 깜짝 놀랐다. 그때까지 내가 알던 칠면조와 맛이 완전히 달랐다! 사람들은 굉장히 낮은 수준의 고기 맛에 익숙해져 있다. 가축들이 편리한 산업형 농장 모델에 따라 정성을 들일 필요가 없는 획일적 시스템에서 크고 기름지게만 사육되는 탓이다. 우리는 가축이 인도적으로 사육되는지, 무엇을 먹는지에도 당연히 신경 써야 하지만, 전통적인 품종의 가치를 인식하고 그것을 보존하는 데도 노력을 기울여야 한다.

에더블 스쿨야드 프로젝트에서는 텃밭 주변에 6~7개 품종의 닭을 놓아기르는데 그 닭들이 여러 색깔의 예쁜 달걀을 낳는다. 옅은 갈색도 있고 점박이 무늬도 있고 심지어 파란색도 있다. 아이들은 처음 보는 달걀 색깔을 신기해한다. 이런 달걀은 아이들의 호기심을 자극할 뿐 아니라 일반 달걀보다 맛도 훨씬 더 좋다.

땅은 맛을 기억한다

앞서 언급했듯이, 프랑스어 '테루아'는 특정 품종의 포도가 자라는 데 영향을 미치는 특정한 토양과 기후, 재배법의 상호작용을 모두 아우르는 용어다. 당연히 와인 맛에 영향을 주며, 식물의 개별적 품종과 그것이 자라는 환경의 조합이 중요함을 보여주는 용어다. 각각의 지역은 그만의 독특한 성격을 지닌다. 예컨대 미국 오리건주 중부에서 재배해 특정한 맛이 나는 피노 누아Pinot Noir 품종을 이탈리아 시칠리아의 화산 토양에서 재배하면 완전히 다른 맛이 난다.

종종 사람들은 내게 "가장 좋아하는 토마토가 뭐예요?"라고 묻는다. 내 대답은, 캘리포니아주 포프밸리 동쪽의 그린앤드레드Green and Red 포도 농장에서 관개 시설에 의존하지 않는 드라이 파밍dry farming 기법(강수량이 적은 지역에서 수분을 효과적으로 보존하고 이용하기 위해 토양과 잡초, 경작 품종 등을 관리하는 농법-옮긴이)으로 재배해 8월에 수확한 얼리걸Early Girl 품종 토마토다. 누군가는 그렇게까지 구체적일 필요가 있느냐고 말할지도 모른다. 하지만 나로서는 그럴 수밖에 없다. 그 시기에 그 지역에서 키운 얼리걸 토마토의 맛과 향은 다른 어디에서도 만날 수 없기 때문이다. 더티걸프로듀스Dirty Girl Produce 농장의 얼리걸 토마토(해안 지역인 하프문베이에서 재배된다) 역시 매우 특별하지만 그린앤드레드 농장의 것과 약간 맛이 다르다.

나는 어디서 어떤 방식으로 재배됐으며 언제 수확됐는지 모르는 작물은 좋아한다고 말할 수가 없다. 예전에 이탈리아 품종인 산마르차노 San Marzano 토마토를 이곳 북부 캘리포니아에서 키워보려고 시도하다가 여러 번 낙담했다. 산마르차노 재배에 최적인 환경을 정확히 아는 이탈리아 농부들과 나는 다를 수밖에 없을 것이다. 그들은 300년이 넘는 시간 동안 재배상의 시행착오를 거쳐왔다. 각 지역의 먹거리 전통은 생물 다양성과 테루아의 보존에서 중요한 역할을 한다. 어쩌면 캘리포니아에도 산마르차노 같은 품종의 토마토를 재배하는 최적의 조건을 알아낸 사람이 있을지 모르지만, 나는 아직까지 한 명도 보지 못했다.

카를로 페트리니는 농부들을 '땅의 지식인'이라고 부른다. 나 같은 사람은 조그만 정원에서 기를 최적의 품종을 알아내는 데도 엄청난 시간이 필요할 것이다. 무엇을 심어야 가장 맛있고 수확도 잘 할 수 있을까? 이곳 기후에서는 무엇이 가장 잘 자랄까? 이런 섬세한 조정 활동은 성실한 농장주와 목장주들이 해마다, 그리고 세대에서 세대를 거치며 하는 일이다. 그래서 그들을 지원하는 일이 매우 중요하다. 그들은 경험으로 쌓은, 자신의 테루아에 관한 방대한 지식을 갖고 있는데 어떤 작물이나 가축이 공장식 시스템의 생산물로 대체될 때마다 우리는 그 지식을 잃게 된다.

또한 그들의 지식은 단순히 재배하는 작물에만 국한되지 않는다. 예를 들어 잉글랜드의 전통적인 생울타리는 그저 들판에 만든 경계선처럼 보이지만 사실은 다양한 생물의 안식처 역할을 한다. 새들과 이로운 곤충들이 그곳에서 살면서 근처의 작물이나 풀을 뜯는 가축과 긴밀한 관계를 맺는다. 생울타리는 효과적인 바람막이와 경계선의 역할을 할 뿐만 아니라 생물 다양성을 촉진한다. 우리도 학교나 기관들 주변에 인공 울타리를 세우는 대신 생울타리를 심으면 좋지 않을까?

뉴욕의 유명 셰프 댄 바버Dan Barber는 맛과 풍미가 좋은 토종 식물 품종이 사라지는 효과를 상쇄하고자 종자 회사 로세븐Row 7을 설립했다. 이 회사는 유전학자와 협력해 맛과 영양이 뛰어난 다양한 채소 품종을 개발한다. 이는 지난 60년간 산업형 농업이 집중해온 것과 정반대되는 방향이다. 산업형 농업에서는 식재료의 맛이 아니라 운송이 쉽고 유통기한이 긴 과일과 채소를 번식시키는 일에만 집중했으니 말이다. 로세븐에서는 재배자가 수확 시기를 정확히 알 수 있도록 완전히 익었을 때 색깔이 변하는 호박을 개발했다. 이것은 일종의 바람직한 유전자 변형이다. 사실 그것은 인간이 오래전부터 해온 신중하고 책임감 있는 유전자 교배 방식이다. 그런데 과거에는 새로운 품종 하나를 개발하려면 길게는 70년이나 걸렸지만 요즘은 작물의 수분受粉에 적당한 시점을 정확히 알려주는 디지털 센서와 컴퓨터 기술 덕분에 10년도 채 안 걸린다. 컴퓨터 기술을 인간을 생각하는 유기농 접근법에도 활용할 수 있다는 사실이 놀랍고도 다행스러울 따름이다.

무화과 한 알이 일깨우는 맛의 감각

가을이 되면 우리 동네의 무화과를 따 먹지 않을 수가 없다. 이곳에서는 제철 무화과를 만날 수 있는 기간이 겨우 2~3주밖에 안 된다. 하지만 대부분은 제대로 익지 않아 맛이 없는데 어느 날 가까운 곳에서 굉장히 훌륭한 무화과를 발견했다. 작고 진한 색깔에, 내가 모르는 품종이었다. 나는 버클리에서는 기후 때문에 제대로 된 맛이 나는 무화과를 키우기가 불가능하다고 생각해왔다. 하지만 그건 내 좁은 생각이었던 것이다. 우리 주변에는 우리가 미처 알아채지 못한 다양한 식물이 존재한다. 심지어 도시에도 말이다. 생물 다양성은 인간의 손길이 닿지 않은 자연환경에 존재하는 품종을 발견할 때만 쓰는 말이 아니다. 생물 다양성은 바로 우리 주변에서, 도시와 교외에서도, 도로 옆 길가에서도 만날 수 있다. 방치된 공터의 잡초 가득한 땅에도 생물 다양성은 존재한다.

도시와 교외에 숨겨진 생물 다양성을 만나는 일은 참으로 즐거운 경험이다. 우리와 환경을 직접 연결해주기 때문이다. 셰파니스에서는 초창기부터 식재료 찾아다니기가 중요한 일과였다. 그것이 우리 식당의 특성을 바꿔놓았다. 처음 문을 열었을 때도 그랬지만 우리는 지금도 인근 지역에 나가 야생 회향을 뜯어 온다. 잎으로 생선을 감싸거나, 씨앗을 향신료로 사용하거나, 말린 줄기를 태워 생선에 향을 입히기도 한다. 우리는 블랙베리, 쐐기풀, 쇠비름 등 다른 재료들도 채집한다. 찾으려 마음먹고 들여다보기 전까지는 뭐가 있는지 알 수 없는 법이다. 셰파니스 초창기에는 바닷가로 나가 바위에 붙은 홍합을 따곤 했다. 버섯도 즐겨 땄다. 사실 어떤 재료는 그렇게 직접 자연으로 나가야만 만날 수 있다. 물론 버섯을 딸 때는 식용 가능한지 판별하기 위해 버섯 전문가의 도움을 받는 것이 좋지만, 먹을 수 있는 맛있는 야생 버섯은 전 세계 어디에나 자란다.

상업화된 메스클랭 샐러드의 비극

메스클랭^{mesclun} 샐러드는 생물 다양성을 보여주는 아름다운 음식이다. 'mesclun'이라는 단어 자체도 '섞다'라는 뜻이다. 이 샐러드는 프랑스 남부의 야생에서 자란 최소한 일곱 가지 이상의 어린잎을 섞어서 만든다. 아루굴라^{arugula}, 민들레, 처빌^{chervil}, 프리세^{frisée}, 그리고 다양한 종류의 어린 상추가 들어간다. 이들 잎은 향이 강하고 일부는 약간 씁쌀한 맛도 난다. 내가 메스클랭을 처음 맛본 것은 1970년대 니스에서였다. 당시에는 이런 샐러드를 거기서만 먹을 수 있었다. 미국인들은 4등분한 양상추에 위시본^{Wishbone} 드레싱을 끼얹어서 먹거나 시저 샐러드^{Caeser Salad}에 들어간 로메인 상추나 먹는 정도였다. 나는 메스클랭을 처음 먹었을 때 여러 채소가 만들어내는 복합적인 맛에 한 번 놀라고, 안초비^{anchovy}와 마늘이 들어간 비네그레트^{vinaigrette}(식초에 다양한 허브를 넣어 만드는 샐러드용 드레싱-옮긴이)와 채소들이 어우러진 맛에 또 한 번 놀랐다. 너무 맛있었던 나머지 미국으로 돌아와 뒤뜰의 흙을 전부 일궈서 그 씨앗들을 심어 길렀다. 셰파니스 초기에는 그렇게 만든 메스클랭을 손님 테이블에 내놓았다.

지난 50년 동안 샐러드의 인기가 점점 높아졌고 그만큼 수요도 증가했다는 사실은 좋은 일이다. 다행히도 미국인들은 다양한 종류의 채소를 발견하고 그 맛과 질감을 즐기게 됐다. 그러나 사람들이 뒤뜰 텃밭에 상추를 길러 먹기 시작하는 동안, 다른 한편에서는 대규모 상추 농장들 역시 샐러드의 인기에 주목해 그것을 피상적으로 해석하고 포장 식품을 만들기 시작했다. 이렇게 상업화된 메스클랭은 내가 1970년대에 먹은 메스클랭과 닮은 구석이 별로 없다. 슈퍼마켓 진열대에 놓인, 플라스틱 포장 용기에 담긴 메스클랭 재료들은 자연에서 키운 것도 아니고 매력적인 쌉쌀한 맛도 없다. 여러 가지 채소 잎이 한데 어우러져 만들어내는 독특한 풍미도 느낄 수 없다.

이렇게 메스클랭이 도용되는 현실을 보면 남다른 감정이 밀려온다. 나는 칭찬받을 만한 일을 많이 하면서 산 것 같진 않지만, '메스클랭'이라는 단어가 미국인들에게 알려지는 데는 셰파니스에서 내놓은 샐러드가 작게나마 역할을 했다고 생각한다. 지금도 셰파니스에는 이 샐러드가 있다. 한편으로는 내가 책임감을 갖고 메스클랭의 정체성을 지키는 데 힘을 보태야 한다는 기분이 든다.

각자의 특성을 가진 다양한 품종을 보존하는 것은 단순히 식도락 취미를 위한 일이 아니다. 그저 다양한 먹거리의 아름다움을 즐기고 새로운 맛을 경험하기 위한 것이 아니란 얘기다. 작물 다양성은 식량 안정성을 위해 반드시 필요하다. 기후변화가 이미 식물들에 엄청난 압력을 가하고 있으며, 기후변화에 맞춰 농업 방식을 조정하는 일이 너무나도 중요해졌다. 작물의 종류가 많을수록, 우리가 의지할 수 있는 유전자 풀이 클수록, 갈수록 악화되는 환경에서도 살아남을 수 있고 가뭄에 강한 농작물을 발견할 가능성도 커진다. 식량 안정성 확보는 현재 우리가 직면한 가장 큰 도전 과제다. 이 문제에 대처하려면 무엇보다 생물 다양성의 중요성을 인식해야 한다.

생물 다양성은 씨앗에서 시작된다

재배에서 수확에 이르는 전 과정의 출발점은 당연히 씨앗이다. 씨앗을 보존하고 공유하는 활동은 사람들을 서로 연결해 주며 인류의 오랜 관습이기도 하다. 씨앗은 유전물질을 담은 작은 자연 도서관이기 때문에 인류의 삶은 전 세계 각지의 씨앗 은행에 보존된 씨앗들에 달렸다. 수천 년에 걸쳐 형성된 농업 지식을 품고 있는 이들 씨앗 은행을 보호하는 일은 대단히 중요하다. 씨앗 보존은 현재 농업에 주어진 가장 중요한 임무일지 모른다.

《저항의 씨앗 Seeds of Resistance》이라는 책을 쓴 저널리스트 마크 샤피로 Mark Schapiro 는 내게 이런 이야기를 들려주었다. 이라크 아부그라이브에 매우 중요한 씨앗 은행이 있었다고 한다. 그런데 2003년 미국의 이라크 침공 때 씨앗 은행 근처에 폭격이 시작되면서 건물이 파괴될 위험에 처했다. 이라크 과학자들은 이곳에 보관된 씨앗의 중요성을 너무나 잘 알았기에 건물이 폭격당하기 전에 서둘러 씨앗들을 꺼냈다. 그렇게 구출한 씨앗을 시리아 알레포에 있는 또 다른 씨앗 은행으로 옮겼다. 알레포에도 수십만 종의 씨앗이 보관돼 있었다. 이후 시리아 내전이 악화되자 2012년 과학자들은 그곳에 있던 씨앗을 최대한 구출해 레바논의 씨앗 은행으로 옮겼고, 이 씨앗들은 현재까지 무사히 보관돼 있다.

최근 미국 캔자스주에 심각한 가뭄이 찾아왔다. 그리고 가뭄은 예전보다 더 잦아지고 있다. 그래서 캔자스대학교에서는 가뭄에 강한 중동 씨앗들을 찾아 나섰다. 그들이 그 씨앗을 결국 어디서 얻었을까? 바로 레바논의 씨앗 은행이다. 예로부터 씨앗이란 그처럼 모두가 공유하는 자원이었다(적어도 몬산토Monsanto가 씨앗 특허권을 갖기 전까지는 말이다!). 씨앗은 우리가 반드시 지켜야 할 생명의 원천이다.

이탈리아 토리노에서 2년마다 열리는 슬로푸드인터내셔널의 테라마드레Terra Madre 콘퍼런스에서도 그처럼 평화적인 공유와 교환이 일어난다. 이 행사에서는 전 세계 150개국에서 온 5,000여 명이 자신의 씨앗과 농업 기법, 독특한 과일·채소 품종을 공유한다. 모든 참가자가 패스트푸드 산업에 맞서 전통과 맛을 보존하려는 열정을 갖고 있다. 이곳은 사람의 다양성이 표현되는 장이기도 하다. 세계 각국의 요리사, 농부, 장인, 운동가들이 교류하면서 재배법이나 요리법을 서로 나누기 때문이다. 모든 문화권에는 저마다 건강과 맛, 아름다움, 적절한 가격을 지향하며 먹거리를 키우고 요리해온 역사가 있다. 우리의 식탁 위에 문화적 다양성이 실현될 때 그런 소중한 가치들도 더욱 강화된다. 그렇기에 다양한 음식 전통의 재료들에 대해 배워야 하는 것이다.

요즘 나는 세계 다양한 문화권의 기본 먹거리를 찾아서 공부한다. 거기서 얻은 정보와 지혜를 미국인의 식단에, 특히 학교 급식에 활용할 방법을 궁리한다. 적절한 가격에 영양소가 풍부한 음식을 얻는 방법을 다른 문화권에서 배울 수 있는 길은 많다. 우리는 그동안 쌓인 전통적 지혜를 활용해 먹거리 관련 문제들을 해결하기 위해 가능한 모든 방법을 알아내야 한다.

인도 학자이자 환경운동가인 반다나 시바Vandana Shiva는 "자연의 방식은 획일성이 아니라 다양성"이라고 말했다. 농업과 관련한 생물 다양성을 두고 한 말이지만, 인간이라는 종에게도 적용되는 개념이다. 생물 다양성의 가치를 이해하는 것은 곧 모든 생명체와 모든 사람에게 각자의 역할이 있음을 깨닫는 것이다. 생물 다양성은 부분들의 합보다 더 큰 무언가를 만들어내려면 우리 모두에게 서로가 필요하다는 사실을 일깨운다.

We are what we eat

계절과 조화를 이루는 식생활

계절성은 변화하는 계절의 리듬에 따라 먹고 살아가는 것을 뜻한다. 계절이 일상생활에 미치는 영향을 모르는 사람은 없다. 하지만 계절이 우리의 식량 공급에서 어떤 의미를 갖는지 제대로 아는 사람은 많지 않다. 제철 음식을 먹을 때 우리는 식물의 발아와 성장, 결실, 죽음, 부패, 휴면, 재생이라는 주기와 연결된다. 계절성은 우리에게 인내와 분별력을 가르친다. 또한 우리가 시간과 공간의 어디쯤에 있는지, 자연과 조화를 이루며 사는 방법이 무엇인지 깨닫게 한다.

셰파니스 초창기에 나는 식재료의 맛과 신선도를 중요하게 여겼다. 하지만 계절성은 크게 중요한 요소가 아니었다. 물론 여름에는 차가운 수프를, 겨울에는 따뜻한 수프를 준비했지만 계절 특성보다는 전통 레시피를 따르는 것과 맛있는 음식을 만드는 데 더 집중했다. 식당의 메뉴는 날마다 바뀌었지만, 그것이 꼭 계절에 따른 재료 문제 때문만은 아니었다. 메뉴가 한 가지뿐이었으므로 매일 변화를 줘서 손님들에게 흥미와 만족감을 주고 싶어서였다.

이런 운영 방식은 결코 쉽지 않았다. 당시 디저트는 계절에 더 많이 좌우됐는데, 우리는 계절성이라는 문제를 깊이 생각하지 않았기 때문이다. "이런, 오늘 들어온 과일은 품질이 별로네. 디저트로는 아몬드 타르트를 만들어야겠군" 하는 식으로 넘어갔다. 실제로 계절성은 우리가 날마다 씨름하는 보이지 않는 요소였지만, 우리는 그 문제에 별로 진지하게 접근하지 않았던 것이다. 하지만 시간이 흘러 어느 시점이 되자 계절이 주는 제한을 불편해하는 대신 그것을 끌어안기 시작했다. 특정 시기에 가장 맛있는 제철 재료에 집중했고, 손님이 예상하지 못한 과일이나 채소의 맛으로 놀라움을 선사했다. 계절성을 예민하게 자각하자 우리의 단일 메뉴도 생명력을 품은 음식이 됐다. 지금도 우리 식당의 음식은 철저히 제철 재료를 기반으로 한다. 나는 다른 방식으로 음식을 준비하는 것을 상상하기 힘들다.

 제철 재료에 집중하는 방식으로 선회한 것은 밥 커나드[Bob Cannard]라는 농부를, 그리고 그의 농장에서 오는 식재료가 지닌 신선함과 풍부한 맛을 알게 되면서부터였다. 1970년대 말 우리 부모님에게 셰파니스와 거래할, 지속 가능한 농법을 쓰는 인근 농장을 찾는 임무를 맡겼다. 우리에겐 매주 적지 않은 분량의 농산물을 믿고 공급받을 수 있는 농장이 필요했다. 부모님은 스물다섯 곳의 농장을 둘러봤고 그중 최종 선택한 곳이 밥 커나드의 농장이었다. 아버지는 처음 밥의 농장을 방문했을 때 적잖이 놀랐다. 밭에 가면 으레 보이는, 작물들이 깔끔하게 줄지어 선 풍경이 아니었기 때문이다. 잔디를 거슬리는 부분 하나 없이 깔끔하게 깎고 정원의 잡초를 완벽에 가깝게 뽑는 습관에 오랫동안 자부심을 갖고 살아온 아버지의 눈에 밥의 농장은 그냥 잡초밭처럼 보였다. 잠시 후 밥은 아버지를 밭으로 안내해 풀들 사이에서 당근 하나를 뽑아 건넸다. 실하고 먹음직스럽게 자란 그 당근은 살면서 아버지가 목격한 어떤 당근과도 달랐다. 직접 먹어보니 맛도 뛰어났다. 밥의 농장을 둘러본 경험은 비즈니스와 농업에 관한 아버지의 관점을 완전히 바꿔놓았다.

밥과 거래를 시작한 초기에는 1년 내내 구할 수 있었으면 하는 재료를 그의 농장에서는 공급받을 수 없다는 사실 때문에 약간 실망하기도 했다. 하지만 우리는 빠르게 적응했다. 그의 농장에서 '공급받을 수 있는' 재료들의 품질이 너무 훌륭했기 때문이다. 그런 품질에는 농장의 지리적 특성인 반*해안성 기후도 한몫했다. 그리고 밥이 계절별로 어떤 채소와 과일이 가장 잘 자라는지 정확히 알기 때문이기도 했다. 밥은 때때로 우리가 제철인 줄도 몰랐던 채소를 보내줬다. 겨울에 밥의 농장에서 수확한 당근(정말 예쁘고 맛도 좋았다)을 보고 많은 것을 느꼈다. 그의 농작물은 어떤 계절에든 새롭고 다양한 맛을 발견할 수 있다는 사실을 일깨워줬다.

아이들을 끌어당기는 완숙한 맛

완숙도는 계절성의 핵심이다. 과일과 채소가 완숙되기까지는 주변 환경과 예민하게 상호작용해야 하며, 뭔가가 알맞게 익었는지 판단하려면 섬세한 분별력을 갖춰야 한다. 예컨대 아보카도는 껍질을 눌러봤을 때 적당히 미세한 탄력이 있는지를, 블렌하임 살구는 색깔을, 패션프루트passion fruit는 향을 살펴야 한다. 세심하게 눈으로 관찰하고 맛과 향을 평가해야 한다. 이런 연습은 내 오감을 깊이 자극한다. 그리고 해가 갈수록 알맞게 익은 작물을 판별하는 실력도 늘어간다. 맛과 향의 미묘한 단계적 차이를 알아가는 과정은 굉장히 흥미롭다. 분별력은 판정과 다른 것이다. 단순히 "이건 맛있고 저건 맛이 없군" 하고 결론을 내리고 끝내는 것이 아니란 얘기다. 완숙도를 이해하려면 숱한 시행착오를 통해 배워야 한다. 계속해서 맛보고 또 맛봐야 한다.

 완숙도를 제대로 이해하는 가장 좋은 방법은 직접 길러보는 것이다. 농사를 짓는 사람이나 정원에 과일나무나 텃밭이 있는 사람 또는 베란다에서 토마토나 허브를 키우는 사람은 실험과 시행착오를 거치며 몇 계절을 보내고 나면 자연스레 익히게 된다. 예를 들어 에더블 스쿨야드 프로젝트에 참여하는 학교의 아이들은 이제 라즈베리와 오디가 언제쯤 익는지 정확히 안다. 직접 가꾸고 관찰하며 배웠기 때문이다. 입학하기 전에는 오디가 뭔지도 몰랐던 아이들인데 말이다! 아이들은 여름방학이 끝나고 학교로 돌아와 텃밭에서 하는 과학 수업 시간이 되면 제일 먼저 오디가 있는 곳으로 달려간다. 알맞게 익은 탐스러운 과일은 아이들을 자석처럼 끌어당기는 힘을 지녔다.

지혜롭게 제철 밥상 차리기

제철 재료만으로 식탁을 차리는 일이 현실적으로 불가능하다고 여길지 모른다. 또는 그것이 우리가 1년 내내 먹는 데 익숙해진 음식들을 아예 먹지 말라는 얘기라고 생각할지도 모르겠다. 하지만 내 말은 그런 뜻이 아니다. 우리는 여름 식재료를 사시사철 구할 수 있는 생활에 익숙해졌다. 그것이 결코 자연스럽지 않은 방식임에도 말이다. 나는 이 점을 늘 강조한다. 1년 내내 지구 반대편에서 왔거나 산업화된 공장식 온실에서 재배한 질 낮은 과일과 채소만 먹는다면, 제철을 맞아 충분히 익어 훌륭한 맛을 가진 농산물의 진가를 알아볼 수 없다. 이미 늘 먹어온 음식이므로 특별함을 못 느낀다. 당신은 아무 생각 없이, 아무 감흥 없이 음식을 먹는다. 언제든 무엇이든 구할 수 있는 시스템에 대한 의존을 버린다고 해서 우리의 자유가 제한받는 것은 아니다. 오히려 그것은 질 낮은 식생활과 이별하는 길이며 의미 있는 자유를 얻는 길이다.

계절성을 강조하는 내게 사람들은 말한다. 인근 지역에서 자란 재료만 먹어야 한다면 지구상의 어떤 이들은 충분한 식량을 얻지 못할 것이라고 말이다. 내 생각은 다르다. 나는 소규모 지역 농가 네트워크를 활성화하는 것이 모든 이들에게 지속 가능한 방식으로 음식을 제공할 수 있는 유일한 길이라고 믿는다. 하지만 사람들은 말한다. "당신이 사는 버클리는 제철 재료가 풍부하겠죠. 하지만 나는 메인주에 살아요. 여기처럼 겨울이 긴 곳에서는 뭘 먹으라는 말입니까?" 그런 곳의 어려움은 이해가 간다. 그리고 캘리포니아의 노지에서는 겨울에도 일부 과일과 채소가 내내 자란다. 밥 커나드의 아름다운 농장이 보여주듯이 말이다. 캘리포니아에 사는 우리는 운이 좋은 것이다. 하지만 기후 조건이 나쁜 지역에서도 제철 먹거리의 가치를 놓치지 않을 방법은 있다.

우리는 아무 때나 원하는 것을 먹을 수 있는 문화에 익숙해진 나머지 전통적인 먹거리 저장 방식을 잊고 산다. 한창 제철일 때 영양분이 풍부한 식재료를 저장하는 온갖 방법이 있는데도 말이다. 염장한 대구, 염장해 숙성시킨 돼지고기, 양배추나 당근 또는 무로 만든 야채 초절임, 토마토나 복숭아 병조림이 대표적이다. 또는 전통 품종의 말린 콩, 파스타, 쌀, 향신료, 견과류, 말린 베리류를 활용한 조리법을 생각해보라. 60년 전만 해도 대부분 가정에서 식품 저장법을 일상적으로 활용했다. 뉴저지주에 살았던 어린 시절 풍경 중에 지금도 내 기억에 선명히 남아 있는 것은 어머니가 텃밭에서 수확한 작물이나 그걸로 만든 음식을 지하 저장고에 채우던 모습이다. 겨울 호박, 루바브(rhubarb) 병조림, 사과소스 따위였다. 저장해 조리하는 방법만 알면 이런 식재료를 활용할 방법은 무궁무진하다. 제철 식재료를 저장하는 또 다른 방법은 냉동이다. 육수를 얼려놓거나, 과일을 얼려뒀다가 나중에 스무디나 아이스크림을 만들 수 있다. 저장 식품을 잘 활용하면 식량 불안정성에서 벗어나는 데 도움이 된다.

그리고 나는 인근 지역에서 생산한 제철 먹거리를 중요시하긴 하지만 카를로 페트리니가 말하는 '선한 세계화(virtuous globalization)'라는 개념에 적극 찬성한다. 이는 유기농법을 사용하고 공정한 노동 환경을 지키는 다른 나라의 생산자로부터 커피, 차, 향신료, 초콜릿 같은 보존 식품을 구매하는 것을 말한다.

나는 티베트 고산 지대나 모로코 사막 지역 같은, 수 세기 동안 계절의 리듬과 조화를 이루는 식생활을 해온 문화권 사람들을 보며 늘 많은 것을 느낀다. 계절에 따라 사는 삶에는 생명력이 있다. 1년 중 신선한 재료가 덜 나는 기간에도 우리는 얼마든지 지역 먹거리를 즐길 수 있다. 고구마나 사과, 견과류를 보관할 서늘한 장소를 마련해보라. 한창 제철일 때 영양이 풍부한 수확물을 다양한 저장법으로 보존해두라.

또한 제철 재료에 집중하다 보면 창의성을 발휘할 방법을 궁리하게 된다. 식재료가 훨씬 더 소중해지고 자연히 더 절약하게 된다. 오렌지 껍질은 그냥 버리는 대신 설탕 절임을 만들 수 있고 뿌리채소의 잎이나 줄기, 양파 껍질을 이용해 수프를 끓일 수도 있다. 나는 버리는 일에 익숙하지 않다. 진정한 봄 완두콩이나 가을 무화과는 1년 중 딱 그때만 만날 수 있으니 말이다. 내게는 그런 먹거리가 너무 소중하다.

다행인 점은 친환경 방식으로 재배 기간을 늘리는 여러 방법이 있다는 사실이다. 이는 지구 반대편에서 먹거리를 운송해 오거나 농약에 의존하는 산업형 온실을 만드는 것과는 다르다. 예를 들어 메인주에서 농장을 운영하는 엘리엇 콜먼[Eliot Coleman]은 온실에서 겨우내 유기농 작물을 재배한다. 밀워키의 월 앨런[Will Allen]은 도시 안에 대규모 온실을 만들어 작물을 재배하는데, 이 온실은 인근 양조장에서 나온 부산물과 음식 쓰레기를 이용해 생산한 전기로 운영한다. 추운 지방에서 당근과 샐러드 재료와 허브를 키울 따뜻한 환경을 조성하려면 온실이 반드시 필요하다. 내가 지금껏 본 것 중 몇 손가락 안에 꼽을 만큼 훌륭한 온실은 아일랜드 발리멀루요리학교[Ballymaloe Cookery School]에 있는 온실이다. 이곳에서는 믿기지 않을 만큼 다양한 종류의 작물을 재배한다. 마치 거대한 유기농 실험실 같다. 이 요리 학교에서는 지역 유기농업을 이용해 겨우내 농사를 짓는다. 물론 한계는 있다. 예컨대 온실에서 1월에 완숙 체리를 딸 수는 없다. 그러나 능숙한 유기농 재배 방식을 활용하면 선택지가 한층 넓어지는 것은 확실하다. 이는 세계 어느 지역에서든 시도할 수 있는 방식이다.

 2008년 1월에 우리는 스위스 다보스에서 열리는 세계경제포럼[World Economic Forum]을 위한 만찬을 준비해달라는 요청을 받았다. 각국 비즈니스 리더들에게 지역 중심 먹거리와 농업이 지닌 가능성을 환기할 중요한 기회라는 생각이 들었다. 우리가 준비하는 음식을 통해 메시지를 전달하고 싶었다. 비록 1월이었지만 지역 특색을 갖춘 유기농 재료가 분명히 있을 거라고 믿었다. 그게 정확히 뭔지는 몰랐지만 말이다.

나는 알프스 지역 사람들이 겨울에 실제로 무엇을 먹는지 파악해야 했다. 그래서 예전에 셰파니스에서 일했고 당시엔 취리히에서 요리사로 일하고 있던 데이비드 린지David Lindsay에게 도움을 요청했다. 우리는 소규모 가족 농장의 온실에서 재배한 유기농 허브와 상추를 금세 발견했다. 인근 시골에서 생산한 전통 치즈도 찾아냈다. 또 다른 농장에서 발견한 케일로는 케일 토스트를 만들었다. 산양 목장도 알아내서 맛있는 산양 고기찜을 준비했다. 그리고 가장 행복했던 것은 가을 수확 이후 최적의 조건에서 세심하게 저장된 현지 사과를 발견한 일이다. 글로켄아펠Glockenapfel이라는 이름의 이 사과는 스위스에서 1500년대부터 재배해온 역사 깊은 품종이다. 런던에서 활동하는 파티시에르 클레어 프택Claire Ptak도 만찬 팀의 일원이어서, 그녀가 이 글로켄아펠을 이용해 최고의 애플 갈레트galette(프랑스에서 유래한 다양한 유형의 둥글넙적한 파이-옮긴이)를 만들었다. 글로켄아펠은 클레어 자신도 처음 알게 된 품종이었지만 그녀가 만든 갈레트는 눈이 번쩍 뜨이는 맛이었다. 지구 반 바퀴를 돌아 도착한 흔하고 뻔한 식재료만 사용하는 사람은 이처럼 아름다운 맛을 발견하는 경험을 절대 할 수 없다.

나는 워싱턴DC에서 1월에 열리는 십스앤드서퍼스Sips & Suppers라는 행사에서 셰프 조앤 네이선Joan Nathan, 호세 안드레스와 함께 음식을 만든다. 노숙자들의 음식 문제 해결을 위한 기금을 모으는 행사다. 우리 셋이 의기투합해 이 행사를 시작한 지 10년이 넘었는데, 주변 사람들은 늘 워싱턴DC에서는 인근에서 재배한 채소를 구할 수 없을 거라고 말했다. 겨울이니 말이다. 하지만 나는 농산물 직거래 장터에 나온 작물들을 보고 놀라곤 한다. 물론 대부분 유기농 온실에서 재배한 것이다. 먹음직스러운 콜리플라워, 다양한 색깔의 당근, 호박, 치커리, 그리고 겨울을 대비해 저장해뒀던 배와 사과 등. 과거에는 십스앤드서퍼스에 참여하러 전국 각지에서 오는 셰프들이 각종 식재료를 챙겨서 오곤 했지만 요즘은 그렇게 하지 않는다. 워싱턴DC의 듀폰트서클Dupont Circle 농산물 직판장에서 겨울 채소와 절인 육류를 비롯해 다양한 재료를 살 수 있기 때문이다.

겨울은 성찰의 계절이고 자연이 주는 선물이 많이 줄어드는 계절이다. 하지만 이곳 캘리포니아에서 겨울은 농부 짐 처칠이 오하이에서 재배하는 기슈 만다린이 가장 맛있는 계절이기도 하다. 나는 반드시 해마다 그가 키운 만다린을 최대한 많이 사서 주변 사람에게 나눠준다. 나는 이걸 '기슈 사교 활동'이라고 부른다. 사람들은 최적 시기인 겨울에 수확해 당도와 향이 최고에 이른 이 과일을 맛보고 나면 음식이 지닌 힘에 눈을 뜬다. 이 과일을 사람들에게 나눠주는 것은 제철 과일의 진가를 널리 알리고 싶어서다.

최고의 조미료는 기다림이다

인내도 계절성이라는 가치의 일부다. 나는 인내심이 뛰어난 사람이 아니지만, 기슈 만다린을 먹기 위해 1년을 기꺼이 기다린다. 그 맛은 억지로 재촉해 만들어낼 수 있는 것이 아니다. 물론 채소보다 분간하기가 더 어렵긴 하지만 육류도 더 맛있는 시기가 있다. 봄의 양고기, 어미젖을 아직 떼지 않은 새끼 돼지, 늦봄과 여름에 풀을 먹여 키운 소 등이 그렇다. 약 20년 전 셰파니스에서 1년 내내 연어 요리를 내는 방식을 없앤 것도 계절의 주기를 존중하기 위해서였다. 우리는 알래스카 연어를 공급받아 연중 항상 손님 테이블에 냈다. 누구나 좋아하는 음식인 데다 조리하기도 쉽고 그 정도면 충분히 로컬 식재료라고 생각됐기 때문이다. 우리가 알래스카 연어를 사용할 이유는 충분했다. 하지만 시간이 흐르면서 캘리포니아 연어를 사용하는 것이 더 지속 가능한 방식이고 더 맛 좋은 생선을 확보하는 길임을 깨달았다. 그래서 제철 어획기인 4월에서 9월 사이에 진정한 로컬 재료인 캘리포니아 연어만 쓰기로 했다. 해마다 우리는 캘리포니아 왕연어를 만나는 시기가 어서 오기만 기다린다. 조급증이 일어도 묵묵히 기다린다. 그리고 마침내 그때가 오면 메뉴에 연어 요리를 날마다 넣는다. 물론 맛이 끝내준다.

아울러 우리는 연어 나오는 시기가 언제나 똑같으리라고 기대해선 안 된다는 것도 깨달았다. 캘리포니아의 연어 어획기나 어획량은 해마다 조금씩 달라진다. 지구 온난화와 남획, 자연환경의 변화 때문이다. 2년 전에는 연어를 구할 수 있는 기간이 겨우 6주밖에 안 됐다. 우리는 오르락내리락하는 자연에 보조를 맞춰야 한다. 그래야 우리가 속한 생태계의 변화라는 커다란 그림과 조화를 이룰 수 있다.

캘리포니아에 처음 이사 왔을 때는 계절이 바뀌어도 날씨가 확 달라지는 느낌이 안 들어서 아쉬웠다. 내가 어린 시절을 보낸 뉴저지주에서는 겨울이 오면 '아, 겨울이네!' 하고 즉시 알 수 있었다. 날이 추워지면 겨울 코트를 꺼내 입었고 정원 나무들의 잎이 없어졌고 우리가 먹는 음식도 달라졌다. 계절의 특징은 우리를 생명의 주기, 자연의 마법과 연결해준다. 사과나무가 겨우내 눈에 덮여 있다가도 봄이 오면 가지에서 기어코 조그만 싹을 틔우는 모습은 얼마나 놀라운가!

버클리가 가을의 막바지에 이르면 나는 아름다운 노란 해바라기를 꽃병에 담아 테이블에 올려두곤 한다. 그리고 "내년 여름에 또 보자"라고 작별 인사를 한다. 나는 자연의 주기를 받아들인다. 그것들이 다음 해에 다시 찾아올 것을 안다. 해바라기가 가더라도 반겨 맞이할 다른 식물들은 또 있다. 11월에는 붉은 열매가 주렁주렁 달린 피스타치오 가지와 감잎을 풍성한 꽃다발처럼 묶어서 식당을 장식한다.

언제든 우리에게 주어지는 무언가가 있다. 그것이 자연의 리듬이다. 불 위에서 끓는 수프와 그릴 위의 버섯이 만들어내는 온기 섞인 냄새가 주방에서 흘러나오면, 식당 곳곳에 놓인 꽃과 나뭇잎이 그 온기를 한층 더 따뜻하게 데워준다. 그 순간의 아름다움은 내게 전율을 일으킨다. 가을의 빨갛고 노랗게 물든 감잎은 우리 식당에 자연을 데리고 들어온다. 내가 살고 있는 환경을 생각해보게 한다. 그 잎들이 당신에게 전해준 온기는 당신이 땅에 뿌리내리게 하고, 당신을 위로하고, 당신을 변화와 연결해준다.

    변화를 받아들이는 일은 매우 중요하다. 세상의 모든 것은 늘 변한다. 주변 세상이 언제나 똑같기를 바라는 것은 흐름을 거스르는 일이다. 계절성은 우리가 변화를 두려워하는 대신 끌어안게 한다. 계절의 변화를 받아들일 때 우리는 매 순간이 잠시 머물다 사라지는 시간임을, 삶이 얼마나 짧고 소중한지를 깨닫는다.

We are what we eat

재생과 보존을 위한 집사 정신

집사 정신이란 돌보는 마음 자세를 말한다. 땅을 보살피는 것, 우리의 환경 전체를 보살피는 것이다. 모든 식물과 동물, 나아가 우리 자신과 타인을 보살피는 것이다. 올바른 가치관을 갖고 식생활을 할 때 우리는 집사가 되며, 이는 우리와 자연의 관계를 바꿔놓는다. 진정한 환경운동가에게는 바로 집사 정신이 있다. 우리는 자연에게서 삶의 방향을 배워야 한다.

솔직히 예전에는 '집사 정신'이라는 말의 뜻을 잘 이해하지 못했다. 이 말은 설령 정의를 알더라도 추상적으로 다가온다. '속도'나 '싼 가격'과 달리 직관적이고 본능적인 감정을 불러일으키지 않는다. 아마도 외부에서 오는 요소가 아니기 때문일 것이다. 집사 정신은 내면적인 무엇이며 태도와 의도에 관한 것이다. 가장 기본적인 차원에서 볼 때 집사 정신은 예컨대 반려동물 같은 어떤 대상을 보살피는 마음이다. 당신은 그 대상을 먹이고, 밤에 집에 잘 들어왔는지 확인하고, 아프면 간호해준다. 이는 성실한 농부와 목장주가 늘 하는 일이다. 그들은 가축에게 무엇이 필요한지 살핀다. 자신이 키우는 소와 닭에게 마음을 기울이고 자신이 재배하는 사과나무와 상추를 정성껏 보살핀다. 웬들 베리는 집사 정신이 "우리를 장소와 연결해준다"라고 말했다. "집사가 될 때 우리는 손님과 달리 장소에 대해 잘 알고 그것을 정성껏 보살핀다. 집사 정신이 없으면 장소도 잃게 된다."

집사 정신에 관해서라면 캔자스주 설라이나에 있는 토양연구소의 웨스 잭슨Wes Jackson이 하는 활동을 빼놓을 수 없다. 대초원의 집사인 웨스는 대초원이 가뭄이나 화재 등의 환경 조건에 대해 뛰어난 자연 저항력을 지녔다는 사실을 연구해왔다. 그런데 현재 산업화된 농업의 일년생 작물은 대초원에 심어져 그와 동일한 환경 조건에 처하면 버티지 못한다. 사람들은 자신이 원하는 작물을 막무가내로 땅에 심어놓고 작물이 잘 자라지 않거나 문제가 생기면 살충제와 제초제, 과잉 경작에 의존한다. 웨스의 토양연구소는 야생 대초원이 수천 년간 스스로를 지탱하고 토양의 건강을 유지해온 방식에서 배우려고 노력한다. 웨스는 그런 땅에 사는 강인한 식물들의 특성과 다년생 혼합 경작에 관해 연구하고 있다. 이 연구소에서는 농약을 뿌리거나 땅을 과도하게 갈아엎지 않아도 기존 생태계에 동화돼 대초원 환경과 조화를 이루며 자랄 수 있는 식용 작물을 발견해왔다. 그런 작물 중 가뭄에 강한 것은 뿌리가 길게 자라서 더 많은 물과 영양분을 저장할 수 있다. 언젠가 웨스가 우리 식당에 올 때 대초원에서 캔 식물을 가져왔다. 그는 뿌리의 길이를 보여주려고 식당 홀에서 죽 잡아당겨 펼쳤는데, 뿌리가 홀의 이쪽 끝에서 저쪽 끝까지 닿았다.

집사 정신은 패스트푸드 문화에서 취하는 태도와 완전히 다르다. 패스트푸드 문화는 자연을 무시하고 복종시키려 한다. 미국인들은 모든 것을 획일적이고 통제 가능한 것으로 만들려 애쓴다. 집 앞 잔디 문화가 대표적인 예다. 우리의 텃밭이 물과 비료와 살충제가 끊임없이 필요하며 늘 깔끔하게 손질돼 있는 잔디밭으로 어떻게 그렇게 빨리 바뀌었을까? 잔디밭을 가지는 것은 자연을 돌보는 행위가 아니다. 오히려 그 반대다. 패스트푸드 문화처럼 그것은 자연과 협력하는 것이 아니라 이질적이고 예측 가능한 무언가를 땅에 억지로 강요하는 행위다.

반면 집사 정신은 자연에 봉사하고 존중을 바탕으로 관계를 형성하려는 마음가짐이다. 식물이 자라거나 변화하는 모습을 알아채는 자세다. 집사 정신이 지닌 열린 태도는 자연의 커다란 패턴을 발견하고 거기에 주목하게 한다. 이 물은 어디로 흘러가는 것일까? 땅의 이 부분에서는 어떤 식물이 가장 잘 자랄까? 이런 관계 형성은 주방에서도 일어난다. 나는 요리를 할 때, 농산물 직판장에서 사 온 과일과 채소를 테이블에 펼쳐놓기 전까지는 나 자신도 어떤 음식을 만들지 모른다. 나는 재료들이 스스로 말하도록 내버려둔다. 그것이 자연과 협력하는 태도다. 그럴 때 당신은 자연을 본보기로 삼으며 또 다른 관계를 맺을 수 있다.

집사 정신이 지역사회를 바꾼다

루마재단LUMA Foundation을 만든 미술 컬렉터이자 환경주의자 마야 호프만Maja Hoffmann은 프랑스 아를에 혁신적 문화 예술 센터 루마아를LUMA Arles을 건립했다. 이곳에 있는 연구소이자 싱크탱크인 아틀리에루마Atelier LUMA는 제품 개발 영역의 웨스 잭슨이라고 할 만하다. 여기서는 지역의 자연 재료를 창의적으로 활용할 방안을 연구한다. 생물학자를 비롯한 과학자, 예술가, 엔지니어, 디자이너들이 모여 카마르그 지역의 생태계를 지키는 친환경 방식으로 물건을 제작할 방법을 궁리한다. 이들은 지역에서 구한 식물 섬유 조직과 밀랍과 송진으로 직물을 만들고, 해조류를 이용해 아름답고 내구성 높은 이탈리아 무라노 스타일의 유리 제품을 만든다. 인근 지역의 석재와 조개껍데기를 이용해 타일과 벽돌을 만들고, 볏짚을 꼬아서 모래 언덕의 침식을 막는 자연 보강재를 만들며, 식물 폐기물을 벽 패널과 조명 기구에 활용할 수 있는 재료로 변신시킨다. 또 핀란드에는 스피노바Spinnova라는 기업이 있다. 물리학자이자 이 회사의 설립자인 얀 포라넨Janne Poranen과 유하 살멜라Juha Salmela는 거미가 거미줄로 집을 짓는 원리를 목재 펄프에 적용했다. 이들은 친환경적이고 혁신적인 방식으로 다양한 직물용 섬유를 만들고 있다.

집사 정신을 가진다면 누구나 주변 자원을 활용할 아이디어를 떠올릴 수 있고 지역 경제를 다시 일으키는 데 힘을 보탤 수 있다. 전국의 모든 중소 지역사회에서 이런 질문을 생각해볼 필요가 있다. 우리 지역에 최적인 작물을 재배하는 효과적 방법이 무엇일까? 텃밭을 직접 가꿀 창의적인 방법은 없을까? 더 나아가 이렇게 물을 수도 있다. 주변에 있는 자연 자원에서 아이디어를 얻어 필요한 모든 재료를 우리가 직접 만들 수는 없을까?

몇 년 전 〈워싱턴포스트〉 기사를 읽고 마음이 든든했다. 미국에서 35세 이하 농부의 수가 증가하고 있다는 내용이었는데, 지난 100년 동안 두 번째로 나타난 현상이라고 밝혔다. 기사에서는 이 젊은 농부들이 "대체로 유기농법으로 소규모 농사를 짓고 다양한 종류의 작물 재배와 가축 사육을 시도할 뿐 아니라 지역 먹거리 네트워크와 활발히 교류한다"라고 언급했다. 이런 변화는 세계 다른 지역들에서도 일어나고 있다. 가나의 젊은 농부들은 자신을 '농업혁신가agripreneur'라고 부르며 농업이 미래 지향적인 중요한 직업이라고 믿는다. 이 단어는 '농업agriculture'과 '혁신적 기업가entrepreneur'의 합성어다. 곳곳에서 젊은 세대가 집사 정신의 가치에 공감하고 있다.

집사 정신을 지향하는 변화가 우리의 도심에도 새로운 생명력을 불어넣고 있다. 도시의 식량 사막 문제가 심각해지면서 먹거리 정의 운동 단체들이 창의적 해결책을 모색하고 있다. 사우스센트럴 로스앤젤레스의 론 핀리는 도로 경계석과 보도 사이의 방치된 자투리땅에 유기농 텃밭을 만드는 방법을 사람들에게 가르친다. 오클랜드에서는 시티슬리커팜스City Slicker Farms와 피플스그로서리People's Grocery가 땅을 보살피고 도심의 저소득층에게 건강하고 저렴한 먹거리를 제공하는 활동을 펼친다. 도시 곳곳의 길거리와 녹지에 자라는 과일나무와 채소는 시민들에게 먹거리 문제를 상기시키고 대화를 촉발하는 역할을 할 수 있다. 현재 미국 전역에 건재한 농산물 직거래 장터는 도시에 생명력을 더하는 가장 빠르고 효과적인 방법이다.

아울러 사회적 영향력을 지닌 국내외 리더들이 가꾸는 텃밭 역시 중요한 상징적 역할을 한다는 사실도 간과해서는 안 된다. 미셸 오바마Michelle Obama가 백악관에 텃밭을 만들고 직접 채소와 과일을 키우던 모습은 지금도 우리에게 집사 정신과 공동체 의식, 아이들의 건강한 영양 섭취에 관한 강력한 메시지를 던져준다.

땅의 품질이 음식의 품격을 만든다

셰파니스 초창기에 엄밀히 말해 우리는 아직 땅을 소중히 여기는 집사가 아니었다. 그보다는 문화를 소중히 여기는 집사였다. 우리는 수백 년간 이어져 내려온 소박한 프랑스식 요리에 대한 애정이 남달랐다. 그런 식생활 방식을 보존하려고 애썼다. 전통적인 메뉴를 만들고, 신선한 재료로 조리하고, 그런 음식 철학을 대중에게 알리는 일에 집중했다. 우리는 전통 요리책을 열심히 들여다보며 노력했지만 때로 낙담하는 순간을 만나곤 했다. 요리의 고전 《라루스 요리백과사전Larousse Gastronomique》의 조리법을 자주 참고했는데, 예컨대 '닭고기에 소금과 후추를 뿌리고 오븐에 넣은 뒤 꺼낸다'라는 식으로 적혀 있는 내용을 그대로 따라 했다. 하지만 그렇게 완성해도 맛이 도통 성에 차지 않았다. 그건 닭 자체가 맛이 없기 때문이었다. 우리는 유기농 목장에서 키운 육류가 더 맛있다는 사실을 곧 깨달았다. 아마《라루스 요리백과사전》이 프랑스에서 처음 출간된 1930년대의 육류도 그런 품질이었으리라. 산업형 농업과 축산이 대세가 되기 전이었으니 말이다.

 우리는 고기의 맛이 가축이 무엇을 먹으며 어떤 방식으로 보살펴지는지와 직결된다는 사실도 깨달았다. 셰파니스에서 일반 닭고기 대신 방목한 유기농 닭고기를 쓰기 시작하자 음식 맛이 완전히 달라졌다. 채소 역시 유기농 농장에서 구입한 것이 더 맛있고 향도 뛰어났다. 우리는 그런 농장들이 훌륭한 농업 방식을 지속할 수 있게 뒷받침하는 경제 지원 시스템의 일부가 되어야 한다는 것을 가슴 깊이 느꼈다. 결국 땅을 소중히 여기는 집사가 되지 않고서는 문화를 소중히 여기는 집사도 될 수 없는 것이었다.

 식당을 통해 집사 정신을 실천하는 궁극적인 길은 건강에 좋으면서 친환경적으로 키워진 먹거리를 맛있게 조리해 손님에게 제공하는 것이다. 나는 이 중요한 가치를 저버린 채 식당을 운영하는 일을 상상할 수 없다. 특히 우리 모두가 직면한 기후변화 문제를 생각하면 더욱 그렇다. 우리가 올바른 방식으로 음식을 만들어 제공하면 손님들에게도 무의식적으로 집사 정신이 스며든다. 나는 그것을 숱하게 목격해왔다. 또한 손님들은 보살핌을 받는 기분, 자연과 연결된 기분을 느낀다. 그리고 음식이 맛있기 때문에 집에 돌아가서 자신도 같은 방식으로 조리해보고 싶어 한다.

집사 정신은 농부와 목축업자, 환경 보호 단체에 속한 사람만 실천하는 가치가 아니다. 교사도 집사 정신을 실천하는 이들이다. 그들은 아이들에게 지식을 전해줄 뿐만 아니라 아이들을 지키고 보살피는 집사다. 부모도 마찬가지다. 집사 정신을 실천하는 것이 모든 부모의 역할이다. 요컨대 우리 모두가 각자의 삶에서 크든 작든 이미 집사의 직분을 맡고 있다. 그러므로 우리 모두는 땅을 소중히 여기는 집사가 될 능력을 갖추고 있다.

자연을 돌보는 마음, 재생 농업

지속 가능성은 집사 정신을 논할 때 빼놓을 수 없는 개념이다. 기본적으로 지속 가능성은 우리가 환경에서 뭔가를 가져다 쓰면 그 자리를 다른 뭔가로 채움으로써 자연 자원의 고갈을 막고 생태계의 균형을 유지한다는 개념이다. 지속 가능성에는 균형과 공정함이라는 인식이 들어 있다.

하지만 안타깝게도 '지속 가능성'이라는 용어는 패스트푸드 문화에서 오용 및 남용되고 있다. 일전에 슬로푸드네이션스 Slow Food Nations 행사(2017~2019년에 덴버에서 개최된 국제 음식 축제로, 혁신적인 음식운동을 촉발했다-옮긴이)에서 론 핀리와 함께 무대에 올라 대화를 나눴다. 그때 대화 중에 지속 가능성이라는 단어가 나왔다.

론은 "지속 가능성은 허튼소리"일 뿐이라면서 "우리에게 필요한 것은 지속 가능성이 아니라 재생 농업regenerative agriculture 방식"이라고 말했다. 그는 광고 회사와 패스트푸드 회사, 대기업들이 자신의 '지속 가능성 이니셔티브'와 그 성과를 떠들어대기 시작하면서 지속 가능성이 원래의 의미를 잃어버렸다고 설명했다. 게다가 '지속 가능성'이란 말 자체가 현재 상태를 유지한다는 의미인데 그 현재 상태라는 것의 질이 너무 낮아졌으므로 지금 우리에게 필요한 것은 '재생'이라고 강조했다. 그의 말에 깊이 공감이 갔다. 우리는 지속 가능성을 강조해야 할 시점을 지났다. 이제는 재생 농업이 필요하다. 재생 농업은 우리가 지구와 우리 자신에게 이미 입힌 피해를 복구하는 길이며, 집사 정신을 실천하는 근본적인 방법이다.

'재생 농업'이란 무엇일까? 그것은 일반적인 지속 가능성 개념에서 한 걸음 더 나아간 접근법이다. 또한 살충제와 제초제 사용, 유전자 변형 작물을 배제하는 것을 뜻하는 미국 농무부의 '유기농' 정의에서도 더 나아간 접근법이다. 재생 농업은 유기농법의 모든 가치를 추구하되 생물 다양성을 향상시키고, 토양의 건강을 복원하고, 화학 비료 대신 천연 비료를 사용하고, 그럼으로써 건강한 생태계를 만드는 것을 강조한다. 토양 환경을 바꿔 흙의 건강을 개선하면 흙이 대기 중의 탄소를 붙잡아 저장하는 능력이 향상된다.

전 세계 온실가스 배출량에서 미국의 산업형 농업이 차지하는 비중이 꽤 크며, 상당 부분은 가축이 내뿜는 온실가스 탓이다. 대표적인 온실가스로 메탄methane과 아산화질소nitrous oxide가 있는데, 전체 메탄 배출량의 37퍼센트와 아산화질소 배출량의 65퍼센트가 산업형 축산 과정에서 나온다. 기후변화 문제를 해결하려면 우리의 먹거리 시스템이 주도적 역할을 해야 한다. 토양의 탄소 흡수 능력을 높이는 것은 이를 위한 효과적이고 자연친화적인 방법이다.

재생 농업에서 중요한 부분은 인간처럼 토양도 고유의 소화계를 갖고 있음을 이해하는 일이다. 건강한 작물을 키우기 위해서는 다양한 필수 무기물과 미소(微小) 식물들, 유익균, 탄소를 가진 흙이 필요하다. 이것들이 흙 입장에서는 음식인 셈이다. 흙의 건강한 균형은 작물 재배에 대단히 중요하다. 자연 상태에서 토양은 영양 성분이 늘었다 줄었다 하면서 끊임없이 변하는데, 재생 농업은 극단적 변화를 조정해 균형을 맞춰 준다.

그렇기에 재생 농업은 우리의 건강과 직결된다. 토양에 풍부한 유익균은 거기서 자라는 먹거리에 스며든다. 우리가 그 음식을 먹으면 이로운 미생물이 우리 장 속 미생물 생태계의 일부가 된다. 영양이 풍부한 흙에서 자란 식품을 섭취하면 면역 체계가 향상된다는 것은 이미 과학적으로 입증된 사실이다.

세계 각 문화권에서는 음식을 약으로 생각해왔다. "염증을 다스리려면 강황을 먹어라." "통곡물은 소화를 돕는다." "마늘은 엄마 열 명의 역할을 한다." 장 속의 미생물 생태계, 면역 체계, 재생 농업 등과 관련한 위와 같은 최신 연구 결과들이 내게 또 다른 깨달음을 주었다. 우리는 음식이 건강을 향상시킨다는 것을 직관적으로 알지만, 과학이 그것을 설득력 있고 이해하기 쉬운 방식으로 확인시켜준다. 흙이 건강해지면 지구가 건강해지고 그러면 우리도 건강해진다.

환경을 지키는 일상의 보살핌

집사 정신은 재생뿐 아니라 보존을 위해서도 필요하다. 볼 때마다 감사함이 느껴지는 자연 공간이 너무나 많다. 나는 바위가 울퉁불퉁한 캘리포니아 해안에 갈 때마다, 선견지명을 갖고 개발에 반대하며 이곳을 지켜준 1960년대의 환경운동가들에게 감사한 마음이 든다. 우리는 우리의 정체성과 모두의 행복을 위해 야생 자연을 보존해야 한다. 자연은 땅 자체의 경제적 가치보다 더 큰 가치를, 돈으로 환산할 수 없는 가치를 지녔기 때문이다.

많은 이들이 여전히 자연 속의 공간을 자신과 동떨어진 무언가로 인식하는 것 같다. 자연 속으로 들어가는 것을 마치 디즈니랜드 여행처럼 특별한 일로 생각한다. 문을 열고 뒤뜰에만 나가도 만날 수 있는 것이 자연인데 말이다. 사실 우리는 날마다 자연과 소소하게 교감하며 재생력을 경험할 수 있다. 마당 텃밭에서, 야외 베란다에서, 동네 공원에서, 지역사회 주민들과 가꾸는 정원에서 말이다. 우리는 각자의 마당에서 환경운동가가 될 수 있다.

집사 정신이 주는 선물 하나는 자연을 편안하게 느끼게 된다는 것이다. 사람들은 자연이 우리를 따뜻하게 품어주는 신비로운 뭔가가 아니라 위험하고 두려운 대상이라고 여기곤 했다. 그러나 예측할 수 없다는 것이 자연이 지닌 아름다움의 본질이다. 자연을 이해하고 다가가면 그 경이로움과 순수함과 신비로움을 가슴으로 느낄 수 있다. 자연은 우리에게 현재에 충실하게 사는 법을 가르쳐준다. 우리가 한없이 약한 존재라는 사실을 일깨워준다. 자연을 운행시키는 것은 탄생과 죽음의 끊임없는 순환이다. 그보다 더 거대한 힘이 있을까? 우리는 인간도 그 거대한 순환의 일부라는 사실을 잊고 산다. 그러나 그 사실을 받아들일 때 우리는 인간으로서 산다는 것이 무엇인지 자연을 통해 깨달을 수 있다.

지구를 지키는 과감한 실천

데이비드 브로워 David Brower 의 《산이 말하게 하라, 강물이 흐르게 하라 Let the Mountains Talk, Let the Rivers Run》는 내가 몹시 아끼는 책이다. 브로워는 현대 환경운동의 선구자였으며 1950년대에 환경단체 시에라클럽Sierra Club의 초대 회장을 지냈다. 또한 1960년대 초 그랜드 캐니언에 댐이 건설되는 것을 막는 데 결정적 역할을 한 인물이다. 브로워는 자연의 중요성을, 그리고 'CPR'이 반드시 필요하다는 사실을 세상 사람들에게 알리기 위해 고군분투했다. CPR이란 보호conservation, 보존preservation, 회복restoration을 의미한다.

그가 2000년 88세의 나이로 세상을 떠나기 몇 년 전, 나는 운 좋게도 그를 직접 만났다. 버클리에 살았던 그는 마틴루서킹주니어중학교에 와서 강연을 해주었다. 우리가 에더블 스쿨야드 프로젝트를 시작한 지 얼마 안 됐을 때였다.

그는 아이들에게 CPR의 중요성을 설명한 뒤 물었다. "여러분 중에 CPR을 위해 인생의 1년을 기꺼이 바칠 수 있는 사람이 있나요?"

아이들 대부분이 손을 번쩍 들었다.

그는 말했다. "저는 남은 인생이 그리 길지 않습니다. 그러니 꼭 물어보고 싶군요. 환경을 위해 실제로 뭔가 하겠다는 다짐에 자신 있는 사람 있나요? 책임지고 실천할 사람은요? 여러분이 중요하다고 느끼는 뭔가가 있다면 미루지 말고 '지금 당장' 행동해야 합니다."

나는 그의 강연을 열심히 들었다. 뭔가에 그처럼 강한 열정과 신념을 갖고 있다면 행동하지 않을 수가 없는 법이다.

We are what we eat

즐겁고 의미 있는 일의 힘

일에서 즐거움을 느낄 때 우리는 벅차거나 힘든 작업이라도 목적의식을 갖고 몰입해서 할 수 있음을 깨닫는다. 삶의 필수 구성 요소인 일은 환경적 책임감과 존엄성 의식을 실천하는 통로가 될 수 있다. 일에서 즐거움을 발견하면 우리는 두 가지를 얻는다. 설레고 만족스러우며 생산적인 일이 무엇인지 깨달을 수 있고, 우리가 속한 일터를 인간적인 공간으로 변화시킬 수 있다.

사람들은 대개 '일'이라는 단어를 들으면 반사적으로 부정적인 감정을 느낀다. 우리는 속도·편리함·획일성 같은 패스트푸드 가치에 익숙해진 탓에 일을 힘든 것, 몸과 마음과 환경이 치러야 하는 대가와 상관없이 억지로 견뎌야 하는 것으로 여기게 됐다. 그리고 일을 삶의 다른 영역들과 분리된 무언가로 여긴다. 일은 논의하기 어려운 주제이기도 하다. 스스로 선택한 직업에 대해 자신이 느끼는 감정을 다뤄야 하기 때문이다. 많은 이들의 마음속에는 돈을 벌어 먹고살기 위해 희생해야만 한다는 생각이 있다. 일터의 행복을 포기해야 하는 현실도 그저 받아들인다. 그렇게 된 것은 우리가 일이란 고역스럽고 하기 싫은 것이라고 세뇌하는 시스템 안에 살고 있기 때문인 듯하다. 그러나 우리는 그렇게 살 필요가 없다.

내가 일과 즐거움을 동일시하는 관점을 처음 배운 것은 몬테소리 교사가 되려고 공부할 때였다. 그것은 몬테소리 교육법의 창시자 마리아 몬테소리Maria Montessori의 철학에서 배운 중요한 핵심 중 하나다. 그녀는 저서《아이의 발견》에서 이렇게 말했다. "어느 순간이 되면 아이는 특정한 일에 강한 흥미를 느낀다. 우리는 아이의 표정, 깊이 집중하는 태도, 몰두해 연습하는 모습에서 그것을 알 수 있다." 그녀는 그 일이 때론 어렵고 때론 덜 어려울 수 있다고 말한다. 일의 내용과 난이도는 아이의 연령에 따라 달라진다. 그러나 전체적으로 볼 때 자신이 하는 일에서 성취감을 느껴야 한다. 기본적으로 일과 즐거운 놀이를 구분해서는 안 된다.

　몬테소리 교실에서는 아이가 스스로 선택해서 하는 모든 활동을 '작업work'이라고 부른다. 하지만 결코 힘들고 어려운 내용이 아니다. 아이들은 혼자서 컵에 물을 따르고, 과일을 자르는 법을 익히고, 식탁에 냅킨을 올려놓고, 잠자리를 정돈하고, 바닥을 빗자루로 쓴다. 아이들은 목적의식과 자부심을 갖고 이런 일상적 활동을 수행한다. 본능적 감각에 따라 움직이면서 자기 몸의 움직임과 주변 환경을 익히고, 그러면서 자연스럽게 흥미를 느끼는 작업에 더 강하게 이끌린다. 그리고 무엇보다 중요한 것은 그 과정에서 교사가 아이에게 기본적인 신뢰와 존중을 보여준다는 점이다.

아이들의 이런 '작업' 중 많은 부분은 집 안에서 하는 일이다. 즉 우리의 일상생활에 꼭 필요한 일이다. 그런데 우리는 이런 일을 하찮고 달갑지 않은 일로 바라보도록 패스트푸드 문화에 의해 세뇌당하고 있다. 실제로는 삶을 지탱하는 힘과 치유력을 가진 일임에도 말이다. 정원의 식물에 물을 주고, 음식을 만들고, 빨래를 개는 것 같은 소소한 집안일은 결코 무의미하지 않다. 즐겁게 일하는 과정에서 우리는 감각을 이용해 경험하면서 주의력을 쏟는다. 이런 일을 할 때 우리는 다른 상황에서는 경험하지 못했을 것을 경험할 수 있고, 가족이나 지역사회, 자연의 리듬과 연결된다.

나는 내가 하는 일을 '일'로 생각해본 적이 한 번도 없다. 우리 사회에서 흔히 정의하는 의미로서의 일 말이다. 나는 몬테소리 교육법의 관점으로 일을 바라본다. 누군가는 배부른 소리라고 할지 모르지만, 내가 요리를 너무나도 사랑하기에 가능한 일이다. 처음 셰파니스를 열었을 때 우리 중 누구도 '일을 한다'는 기분으로 일하지 않았다. 힘들지 않았다는 뜻이 아니다. 우리도 때로는 힘들다고 느꼈다. 하지만 날마다 힘든 일터에 억지로 출근한다고 느끼는 사람은 아무도 없었다. 이는 집에서 만드는 방식으로 음식을 만들기 때문이기도 했다.

우리는 마음껏 창의성을 발휘했고 함께 노력하면서 스스로 방법을 찾아나갔다. 흔하고 틀에 박힌 식당 모델을 지향하지 않았다. 식당에서 일해본 경험을 가진 사람도 없었다. 그래서 자연스럽게 관행적인 방식을 택하지 않았다. 계급 체계도 없었다. 하급 직원에게 아침에 먼저 출근해 재료를 준비하라고 시키는 일도 없었다. 내게 음식을 만드는 것은 언제나 본질적으로 즐거운 일이었다. 우리 식당의 사명은 분명했다. '정직하고 베푸는 마음으로 손님들에게 맛과 아름다움을 전달한다.' 정성껏 준비한 뭔가를 타인에게 제공하는 일이었기에 즐겁게 일할 수 있었다. 시간이 흐르자 우리의 사명도 진화해 유기농 농업을 지원하고 장려하는 일까지 시작했다. 그렇게 사명이 확장될 때마다 우리는 더 의욕과 활기를 느낀다.

세파니스에는 '백 오브 하우스$^{back\ of\ house}$'라는 개념이 없다. 일반적으로 식당 업계에서 백 오브 하우스란 보이지 않는 곳에서 일하는 직원들을 일컫는다. 음식을 조리하거나, 설거지를 하거나, 더러워진 식탁보를 빨거나, 식자재실을 정리하는 직원 말이다. 대개 이런 영역은 손님들의 눈에 띄지 않게 되어 있다. 특정한 종류의 일은 손님에게 시각적 불편함을 준다는 생각 때문이다. 하지만 나는 식당 운영에서 어느 한 부분도 숨기고 싶은 마음이 없을뿐더러 어떤 일도 하찮다고 여겨지길 원치 않는다. 쓰레기 관리, 직원 식사, 라커룸과 사무실 등 운영의 모든 부분은 똑같이 중요하며 꼼꼼히 챙겨야 한다. 식당 전체라는 커다란 유기체의 관점에서 모든 공간과 업무를 바라봐야 한다. 이는 아름다움을 위해서이기도 하지만 결국엔 사회적·환경적 측면을 위해서다. 사람들과 물건들이 늘 눈에 띄면 그에 대해 생각하지 않을 수 없다. '보기 흉한' 요소도 전체 프로세스의 일부임을 인정해야 한다. 그리고 그것을 개선할 방법을 늘 궁리해야 한다. 그 공간에서 일하거나 식사를 하는 모든 이들을 위해서 말이다.

손으로 일하는 기쁨

일의 즐거움을 느끼는 간단한 방법 하나는 손을 사용하는 것이다. 몬테소리 교육법에서는 손을 생각의 도구로 여기며 손으로 하는 활동을 중요시한다. 바느질을 하든 손으로 재료를 섞든 나무에서 사과를 따든, 손을 사용하는 것은 마음을 다스리는 효과도 있다. 손을 쓰는 일을 할 때는 촉각을 통한 특별한 연결이 일어난다. 나와 일의 과정이, 나와 감각들이 긴밀히 연결된다. 그 일을 하는 순간에 집중하게 된다. 과정에 몰입하는 경험은 우리에게 만족감을 준다. 수플레soufflé를 완성하는 순간뿐 아니라 손으로 달걀을 깨는 행위도 그런 경험의 중요한 일부다. 또한 일의 과정에 초점을 맞추면 뭔가 잘못됐다는 느낌이 들 때 금세 알아채고 조정할 수 있다. 더 빠르게 해야 할지 아니면 속도를 늦춰야 할지 판단해 자신에게 적절한 속도로 맞출 수 있다.

콩 꼬투리 까는 일을 예로 들어보겠다. 꼬투리를 까서 안에 들어앉은 콩들을 하나씩 꺼낼 때 우리는 그 과정을 조금씩 섬세하게 수정하면서 가장 잘 까는 방법을 찾는다. 집중해서 꼬투리를 까다 보면 어느새 옆에 수북이 쌓인 콩들을 보고 '벌써 이만큼이나 했네!' 하게 된다. 우리 식당의 예약 담당 직원들은 자기 업무를 하는 동안 완두콩, 누에콩, 병아리콩의 꼬투리를 깐다. 전화를 받는 동안에도 이토록 멋진 일을 한다! 그 작업이 없다면 완성될 수 없는 뭔가가 완성되는 데 참여하는 것이다. 그들의 노고가 없다면 우리는 신선한 병아리콩이나 라이머콩lima bean 요리를 손님 테이블에 낼 수 없을지도 모른다. 그들은 이 일을 하면서 계절을 느끼고, 주방에 있는 요리사들은 그들의 작업에 고마움을 느낀다. 요리사들도 회의 때마다 테이블에 둘러앉아 그날의 메뉴에 대해 상의하면서 함께 콩을 손질한다. 한번은 내가 꼬투리를 안 깐 콩들이 담긴 바구니를 2층 카페 한쪽에 놓아뒀는데, 손님들이 자진해서 꼬투리를 까준 적도 있다!

꼬투리를 직접 까보면 콩이 더 소중하게 느껴진다. '이 작은 그릇 하나를 채우는 데 이렇게 오래 걸리는구나' 하고 깨닫기 때문이다. 그리고 자기 대신 그 일을 했을 사람의 노고와 가치를 이해하게 된다. 우리는 모두 밭에서 콩을 수확하는 데 또는 식당에서 그릇을 닦는 데 어떤 수고가 들어가는지 알아야 한다.

비즈니스 코칭을 제공하는 심리학자였던 우리 아버지는 셰 파니스를 더 나은 일터로 변화시키도록 도와주셨다. 그 과정에서 아버지는 우리 식당의 설거지 직원들이 자기 일에 대해 어떻게 생각하는지, 그 일의 내용과 업무 환경이 어떤지 파악해야 했다. 그래서 우리 식당에 와서 그들과 함께 냄비를 닦곤 했다. 우리는 아버지의 조언에 따라 운영 방식을 바꿨다. 설거지 공간을 가리던 벽을 툭 터서 주방의 다른 부분들과 연결되게 했고, 창문을 더 만들었으며, 환기 시설을 개선했다. 그리고 설거지 담당자들이 요리사들과 더 원활하게 소통할 수 있게 했다.

  대개는 일터의 물리적 환경에 별로 신경을 쓰지 않는다. 일하는 공간에 무엇이 놓여 있는지, 일할 때 무엇이 눈에 들어오는지 같은 문제 말이다. 셰파니스를 처음 열 당시에 나는 환경을 꾸미는 일에 각별히 신경 썼다. 이것은 몬테소리 철학에서 또 하나의 중요한 요소다. 나는 손님들이 음식과 사랑에 빠지지 않을 수 없는 공간을, 직원들의 창의력과 감성을 자극하는 공간을 만들고 싶었다. 우리는 주방 벽 곳곳에 그림을 걸고, 예쁜 구리 램프를 설치하고, 싱크대 주변 벽에 특별한 타일을 붙이고, 벽난로 위쪽에는 아름다운 오래된 냄비를 걸어 장식했다. 그리고 바깥 풍경이나 날씨를 일터 안에서도 그대로 느낄 수 있기를 바랐지만, 요리사가 저녁에 해 지는 하늘을 보지 못하는 것이 늘 속상했다. 서향인 식당 홀과 주방 사이에 있는 벽 때문이었다. 그런데 셰파니스 초창기에 작은 불이 나서 그 벽이 무너졌다. 우리는 그 벽을 복구하지 않았다. 그래서 지금은 요리사들이 날마다 저녁노을을 볼 수 있다. 그리고 손님들도 요리사가 음식을 조리하는 모습을 볼 수 있다.

  2002년 겨울 예일대학교와 협력해 예일 지속 가능 먹거리 프로그램Yale Sustainable Food Program을 만들었을 때, 우리는 학생과 교직원에게 '농장에서 식탁으로' 개념을 알려줄 수 있는 특별한 만찬을 준비했다. 당시 근처에 살고 있던 마이클 폴란이 우리가 디저트로 낼 타르트에 쓸 사과를 가져다주기로 했다 (대개 보관이 잘되기 때문에 우리는 겨울에도 늘 사과를 이용했다). 그런데 폭설이 내리는 바람에 마이클이 예정보다 늦게 도착하게 됐다. 그 때문에 우리는 학교의 주방 직원들이 일하는 방식을 임시로 완전히 바꿔야 했다. 마지막 순간에 사과가 도착하면 모두가 하던 일을 중단하고 다 함께 타르트를 만들도록 말이다.

   직원들은 이런 식의 융통성을 발휘해본 적이 없었다. 원래는 각자의 역할과 그에 따른 임금이 정확히 정해져 있기 때문이다. 누군가는 여기서 재료만 손질하고, 또 누군가는 저기서 설거지만 하는 식으로 말이다. 하지만 결과적으로 우리가 '비상 시스템'을 가동해 다 함께 만든 사과 타르트는 매우 성공적이었다. 만찬이 끝난 후 모두가 모여 환호성을 질렀다. 때로는 그처럼 경계선을 허물 때 일의 즐거움이 전율처럼 찾아온다. 우리는 정해진 업무와 그에 따른 보수만 생각하느라 큰 그림을 잊어버릴 때가, 함께 일하는 것의 즐거움과 그 힘을 잊어버릴 때가 너무 많다.

점심 한 끼가 만드는 존중과 평등

즐겁고 의미 있는 일을 찾는 것도 중요하지만, 이미 하고 있는 일을 즐겁게 만드는 것 또한 중요하다. 어떻게 하면 단조로운 근무 환경을 성취감과 즐거움 가득한 환경으로 바꿀 수 있을까? NPR(미국 공영라디오)의 프로그램을 제작하는 라디오 프로듀서 다비아 넬슨Davia Nelson과 니키 실바Nikki Silva는 언젠가 방송에서 시가를 마는 쿠바 노동자들의 이야기를 소개했다. 이 노동자들은 시가를 마는 반복적이고 단조로운 작업을 즐겁게 해낼 방법을 고안했다. 대중 앞에서 말하는 능력이 뛰어난 사람이 보수를 받고 작업장에서 노동자들에게 책을 읽어주는 것이었다. 노동자들은 듣고 싶은 이야기를 함께 상의해 결정했고, 그러면 '렉토르lector'라고 불리는 낭독자가 빅토르 위고Victor Hugo, 쥘 베른Jules Verne, 알렉상드르 뒤마Alexandre Dumas 등 그 노동자들로선 읽을 기회가 영영 없을지도 모르는 작가들의 책을 읽어주었다. 그들은 문학을 귀로 들으며 일의 무료함을 달랬다. 일에 즐거움을 가져다주는 창의적 방법 아닌가.

나는 마치 휴가를 온 것처럼 일이 언제나 마냥 즐겁고 쉬워야 한다고 주장하는 것이 아니다. 일을 하면서 몰입할 수 있고 성취감을 느낄 수 있어야 한다는 얘기다. 일터가 인간적인 공간이 되어야 하고, 인간성을 훼손하는 것이 아니라 지키는 공간이 되어야 한다는 얘기다. 현재 우리 사회가 가진 일터에 대한 관점은 산업혁명에서 나온 것이다. 우리는 지금도 19세기의 노동 모델을 따르고 있다. 물론 그 이후로 많은 일터의 조건이 개선됐지만, 공장의 조립 라인 모델이 이제는 칸막이 사무 공간 모델로 대체됐다. 우리는 각자 분리된 공간에 앉아 책상 앞에서 끼니를 때운다. 함께 협력해 일하고 교감할 방법은 생각하지 않는다. 많은 일터에서 회사의 수익을 극대화하기 위해 사람들의 경쟁을 부추긴다.

최근에 나는 다국적 기술 기업 세일즈포스Salesforce에서 강연을 했는데, 조직 문화에 큰 변화를 주기 위해 당장 실천할 수 있는 인간적인 방법이 무엇이냐는 질문을 받았다. 나는 "점심을 함께 먹으세요"라고 주저 없이 대답했다. 모두가 함께 모여 맛있는 음식을 나눠 먹고 대화할 수 있는 공간을 만드는 것은 매우 중요하다. 책상에 앉아 일하는 직원뿐 아니라 바닥 청소를 하거나 쓰레기통을 비우는 직원도 다 함께 말이다. 그리고 간부들도 함께 말이다. 우리에겐 그런 점심시간이 필요하다. 함께 둘러앉는다는 것은 모두의 역할을 존중한다는 의미이고 모두가 평등하다는 뜻이다.

나는 학교에서도 이를 강조한다. 학생, 교사, 행정 직원, 청소 및 관리 직원이 함께 점심을 먹으라고 말한다. 그런 시간이 아이들의 학교생활에서 중심이 되어야 하며, 그래야 밥을 먹으면서 자신이 속한 공동체와 유대감을 경험할 수 있다.

재소자들의 마음을 치유한 마법의 텃밭

30년 전쯤 캐서린 스니드Cathrine Sneed라는 여성의 전화를 받았다. 샌프란시스코 보안관국 소속 심리상담사라고 자신을 소개한 그녀는 형편없는 교도소 시스템 안에 갇혀 부당한 대우를 받는 흑인 청년들의 절망적인 삶을 직접 목격했다면서 이야기를 이어나갔다. 그녀는 보안관을 설득해 재소자의 선택에 따라 참여할 수 있는 정서 교육 및 심리 치료 프로그램의 일부로 카운티 교도소에 텃밭을 조성했다. 이는 부당한 시스템과 맞서 싸우는 그녀만의 방식이었다. 그녀는 재소자들이 콘크리트로 된 교도소 안마당이 아니라 자연을 경험할 수 있는 공간을 만들어주고 싶었다. 이윽고 그녀는 프로그램 운영에 필요한 자금을 조달하기 위해서라고 설명한 뒤, 셰파니스의 기준에 맞춰 이 밭에서 작물을 재배한다면 수확물을 구매해줄 수 있느냐고 물었다. 나는 지체 없이 좋다고 대답했다.

그러자 캐서린이 말했다. "감사합니다. 여기 오셔서 우리 학생들을 직접 만나보시면 좋을 것 같아요."

처음엔 사양하려고 했다. 말하기 부끄럽지만 그때는 교도소를 방문한다는 생각에 왠지 조금 겁이 났다. 그런데 캐서린이 재차 말했다. "와서 꼭 만나보셔야 해요."

나는 결국 교도소를 찾아갔다. 캐서린은 이 프로그램에 참여한 모든 재소자를 교도소 정문 맞은편에 있는 약 2만 8,000제곱미터의 밭에 모이게 했다. 그곳에는 키가 2미터나 되는 해바라기와 토마토, 허브, 호박 등 다양한 식물이 줄지어 서 있었고 커다란 온실도 있었다. 캐서린은 재소자들에게 그동안 해온 활동에 대해 들려주고 싶은 사람이 있으면 자유롭게 말해보라고 했다.

열아홉 살 청년이 손을 들더니 이렇게 말했다. "밭일에 오늘 처음 참여한 제가 말할 자격이 있는지 모르겠는데요, 오늘은 제게 생애 최고의 날입니다."

나는 이 이야기를 누군가에게 들려줄 때마다 코끝이 찡해진다. 캐서린은 식물을 가꾸는 일이 재소자의 정서를 치유할 수 있음을, 손에 흙을 묻혀가며 일하는 것이 영혼을 변화시킨다는 사실을 아는 사람이었다. 자연 속에서 뭔가 보람된 활동을 하는 것에 삶을 변화시키는 힘이 있음을 알고 있었다. 셰파니스는 그들이 재배한 작물을 구매했다. 또한 이 프로그램에서는 수확한 먹거리를 샌프란시스코의 노숙자 센터에 전달하기 시작했다. 궁핍한 이들에게 음식을 제공하는 이런 활동 역시 누군가의 삶을 변화시키는 일이다.

이후 캐서린은 베이뷰 지역에 또 다른 밭을 조성하고 가든 프로젝트The Garden Project를 시작했다. 출소한 재소자들이 그녀의 프로그램에서 배운 것을 활용해 취업할 수 있게 돕는 프로젝트였다. 가든 프로젝트에서 수확한 작물은 페리플라자Ferry Plaza 농산물 직판장에서 판매됐고, 이 프로젝트에 참가한 출소자들은 샌프란시스코의 가로수 식수 프로그램 트리코어스Tree Corps에도 참여했다. 캐서린의 가든 프로젝트는 내가 에더블 스쿨야드 프로젝트를 시작하는 데 직접적으로 영향을 주었다. 텃밭 가꾸기가 교도소에 있는 사람들을 변화시킬 수 있다면 우리의 아이들도 당연히 변화시키지 않을까? 비슷한 프로젝트를 학교에서 추진해보면 어떨까?

20세기 초의 교육가 제임스 랠프 주얼James Ralph Jewell은 말했다. "학교의 정원과 텃밭은 공공재산을 소중히 여기는 태도, 절약, 정직함, 근면, 집중력, 공정함, 노동의 존엄성, 자연의 아름다움에 대한 사랑을 아이들에게 가르친다." 언젠가부터 우리는 농사를 학교에서 가르쳐야 하는 고귀한 기술이라고 생각하지 않게 됐다. 어쩌면 미국인들은 그 사실을 제대로 이해한 적조차 없는지도 모른다. 우리 사회에는 농사일을 폄하하는 시각이 존재하며, 그런 시각은 사람들을 노예로 만들어 땅을 일구게 했던 미국의 역사 탓에 더 심해졌다. 노예제가 남긴 아픈 상처는 오늘날 이민 노동자에 대한 대우와 이민 정책에서 다른 모습으로 재현되고 있다.

힘들게 땀 흘려 땅을 일구는 이들은 존경받아 마땅하다. 그리고 합당한 보수를 받아야 한다. 우리는 땅과 식물을 가꾸는 일이 근본적으로 우리가 섭취하는 영양과 직결됨을, 땅을 보살피는 것이 결국 자신과 지구의 건강을 보살피는 일임을 기억해야 한다. 학교에서는 아이들에게 농사를 우리 자신과 사회를 이롭게 하는 고귀한 일로 여겨야 한다고 가르쳐야 한다. 농사는 숭고한 소명이다. 그리고 그것을 숭고한 소명으로 만드는 가치들, 즉 자연과의 교감, 공동체 의식, 보살피는 마음가짐, 협력을 다른 일터와 사회 전체에도 전파해야 한다.

We are what we eat

단순함이 본질이다

단순함을 중시한다는 것은 기본을 중시한다는 의미다. 단순해지면 명확해진다. 단순함은 혼란스러운 세상 가운데에 우리가 지나갈 길을 내주고, 비본질적인 것과 가짜인 것을 추려내게 도와준다. 우리가 기본적인 것, 진정한 본질과 연결되게 이끈다. 단순함을 추구한다는 것은 자연의 복잡한 특성을 부정한다는 뜻이 아니다. 자연을 구성하는 요소들의 가치를 제대로 안다는 뜻이다. 단순함은 많을수록 좋다는 것과 정반대의 가치다. 더하기가 아닌 빼기의 미학을 상기시킨다. 우리는 작은 것이 지닌 힘을 믿어야 한다.

스페인 바르셀로나의 대형 재래시장에 갔을 때의 일이다. 나는 고소한 향기에 이끌려 골목에 있는 작은 가게 안으로 들어갔다. 그곳에서는 올리브 나무 장작을 때서 아몬드를 천천히 볶고 있었다. 아몬드가 그 가게에서 파는 유일한 음식임을 들어가자마자 알 수 있었다. 안쪽의 불 위에서 아몬드 알갱이들이 담긴 금속 원통이 돌아가고 있었다. 주인은 갓 볶은 따뜻한 아몬드를 작은 종이 고깔에 가득 담아 손님에게 건넸다. 소박하게 한 가지 음식에만 집중하는 모습이 몹시 인상적이었다. 그 가게에는 완벽한 맛의 아몬드, 더도 덜도 아닌 딱 그것뿐이었다.

나는 늘 단순하고 소박한 조리법에 매혹된다. 하지만 요식업계에는 '단순'하면 세련되지 못한 것이라고 여기는 경향이 있다. 셰파니스 초창기에 우리 식당을 방문한 셰프들은 이렇게 말하곤 했다. "과일 한 조각? 이게 다예요? 이건 요리가 아니라 그냥 장을 본 재료잖아요." 우리 음식처럼 단순한 것은 '요리'라고 할 수 없다는 얘기였다. 하지만 '장을 본다'는 것이 올바른 식재료를 선택한다는 뜻이라면, 장을 보는 것 또한 얼마나 중요한 일인가! 나는 '화려한' 음식을 만드느라 훌륭한 식재료 본연의 맛과 향을 가리고 싶지 않다. 재료 스스로 자신을 표현할 수 있게 하는 것이 좋다. 그래서 농장이나 시장에서 막 도착한 재료를 반드시 직접 눈으로 확인한다. 가장 먼저 확인하는 것은 산지다. 재료가 어디에서 왔는지 아는 것은 우리 입으로 들어가는 음식과 관련해 가장 중요한 요소다. 산지를 알면 재료의 맛이 보인다. 재료 본연의 맛을 살리는 가장 적합한 조리법을 결정하는 데 도움이 된다. 그것을 어떻게 조리할지 또는 어떻게 조리하면 안 되는지 판단할 수 있다. 이 생선은 구워야 할까? 이 재료를 타르타르소스 만드는 데 넣어야 할까? 대개 가정에서 훌륭한 재료를 활용하는 최고의 조리법은 매우 간단하다. 과도하게 조리하지 않는 것이다.

　내 주방에는 요리할 때 늘 기본이 되는 10여 가지의 재료가 있다. 올리브오일, 마늘, 식초, 소금, 상추와 허브, 안초비, 향신료, 밀가루, 달걀, 레몬 등이다. 이 기본 재료들만 있으면 뭐든 만들 수 있다.

셰파니스 초기에는 메뉴가 한 가지뿐이라는 점에 사람들의 불만이 쏟아지곤 했다. 하지만 그것은 식당 운영과 음식의 단순함을 추구하는 내 철학을 실천할 유일한 방법이었다. 손님들이 그 단순함의 미학을 맛보고 느끼고 깨닫기를 바랐다. 요즘은 손님들이 우리가 제공하는 한 가지 메뉴를 고대하며 기다린다. 그리고 그들 스스로 선택해야 했다면 경험하지 못했을 음식을 음미하는 데 집중한다. 그들은 기분 좋은 놀라움을 경험하고 그 맛을 생생하게 기억한다.

셰파니스에서 식기류를 몇 개 사용해 테이블을 세팅할지, 접시 하나에 음식을 얼마나 담을지, 메뉴를 어떻게 구성할지 등을 결정할 때 항상 기본이 되는 가치는 단순함이다. 우리는 늘 손님에게 소박하고 명료한 경험을 제공하려고 노력한다. 손님들이 음식과 거기에 담긴 문화를 가장 순수한 관점으로 이해할 수 있게 돕는다. 복잡하거나 창의적인 조리법을 아예 피한다는 뜻은 아니다. 육수를 내는 일 또는 타르트나 채소 그라탱을 만드는 일은 때로 꽤 복잡하다. 전통적인 조리법을 쓰든 완전히 새로운 조리법을 시도하든, 식재료의 특성을 존중하고 본연의 맛을 뽑아내는 것이 무엇보다 중요하다. 그리고 나는 메뉴 구성을 결정할 때 늘 균형을 중시한다. 사람들은 상큼한 샐러드가 바삭한 감자튀김이나 부드러운 생선구이와 대비를 이루는 접시에 끌리기 마련이다. 식재료의 본질적 특성을 제대로 이해해야 그런 균형을 맞추기가 쉬워진다.

단순한 메뉴로 진심을 건네다

예전에 나는 매년 밀스온휠스Meals on Wheels의 자선 모금 행사에 참여해 음식을 제공했다. 밀스온휠스는 스스로 식사를 준비하기 힘든 노약자들에게 음식을 배달해주는 비영리 단체다. 뉴욕 록펠러센터에서 열리는 이 행사에는 전국 각지에서 온 셰프들이 온갖 음식을 선보였다. 의미 있고 중요한 대의를 위해 모인 이들은 음식을 넉넉히 준비해 와서 아낌없이 베풀었다. 행사에 참여한 식당들은 늘 정성을 들인 세심한 요리를 만들었고, 손님들은 록펠러센터 여기저기를 돌아다니며 각 부스에서 음식을 골라 먹었다. 일종의 고급 푸드코트 같은 분위기였다. 하지만 먹을 수 있는 종류가 넘쳐나는 탓에 접시 위에서 음식들이 뒤죽박죽이 되곤 했다. 캐비어 팬케이크와 크림 퍼프와 안심 스테이크가 한 접시에 담기는 식이었다.

그래서 우리 식당 부스에서는 아주 단순한 음식 하나만 제공했다. 아이스크림콘이었다. 아이스크림콘은 손에서 내려놓을 수가 없는 음식이라는 점도 마음에 들었다. 건네받고 곧장 먹지 않으면 녹아버리니까. 우리는 랜초산타페에 있는 치노Chino 농장에서 생산한 최고급 마라 데 브와Mara des Bois 딸기를 사용해 아이스크림을 만들었다. 아이스크림에 들어간 재료는 더없이 단순했다. 딸기, 크림, 설탕이 전부였으니까. 그럼에도 마라 데 브와 딸기의 맛과 향이 엄청나게 좋아서 아이스크림 맛을 확실하게 책임졌다. 우리가 따로 뭔가를 추가할 필요가 없었다. 손으로 쥐는 고깔 모양 과자도 우리가 직접 만들었다. 이 과자를 만드는 데는 노동력이 꽤 들어갔지만 결과는 매우 만족스러웠다. 안심 스테이크가 담긴 접시에 아이스크림콘을 올려놓는 사람은 아무도 없었다.

그저 완벽한 복숭아 하나도 단순함의 미학을 보여준다. 그 이상 무엇이 필요할까? 20년 전 에릭 슐로서는 저서 《패스트푸드의 제국》에서 패스트푸드 밀크셰이크에 사용되는 인공 딸기 맛을 만들어내는 데 약 50가지 첨가물이 들어간다고 폭로했다. 일테면 아밀 아세테이트amyl acetate, 아밀 부티레이트amyl butyrate, 벤질 아세테이트benzyl acetate, 벤질 이소부티레이트benzyl isobutyrate, 이소부틸 부티레이트isobutyl butyrate 같은 이름이었다.

나는 일반적으로 자기가 먹는 물질의 이름을 제대로 읽기조차 힘들다면 머릿속에서 경고등이 켜져야 한다고 믿는다. 상추나 허브 한 다발에는 원재료 표시 라벨이 필요 없다.

패스트푸드 문화는 단순함의 진짜 의미를 헷갈리게 한다. 단순한 것이 쉽고 빠르고 편리한 것과 똑같은 의미라고 착각하게 한다. 물론 때로는 단순한 것이 쉽고 빠르고 편리한 경우도 있다. 달걀을 삶거나 토르티야를 데우는 일처럼 말이다. 그러나 장담하건대 '단순'하다고 해서 반드시 '쉬운' 것은 아니다. 어떤 면에서 보면 빵 한 덩어리는 무엇보다 단순한 음식이다. 밀가루와 물, 효모, 소금만 있으면 되니까. 레시피도 별로 복잡하지 않다. 하지만 빵 굽는 일이 과연 쉬울까? 빵을 제대로 구울 줄 알려면 많은 지식과 연습과 경험이 필요하다.

나는 '더하기가 아닌 빼기의 미학'을 항상 강조한다. 내가 먹을 수 있는 것보다 더 많은 양이 접시에 나오는 것이 싫다. 그래서 셰파니스에서 밥을 먹을 때도 1인분의 절반만 담아달라고 부탁하곤 한다. 음식을 버리는 게 싫기 때문이다. 에더블 스쿨야드 프로젝트에서는 가족이 모여 식사할 때처럼 테이블 가운데에 음식이 담긴 커다란 볼을 놓고 함께 식사하는 시간을 마련한다. 우리의 목표는 아이들에게 1인분 식사량에 대한 개념과 타인을 배려하는 마음을 가르치는 것이다. 볼에는 테이블에 둘러앉은 모두가 먹을 수 있는 양을 담는다. 아이들은 볼에 담긴 음식을 각자 접시에 덜어 먹으면서 환경 보존에 대해서도 배운다. 자원이 무한정으로 존재하는 것이 아니라는 사실을, 자신의 접시에 놓인 음식이 소중하다는 것을 깨닫는다. 아이들은 그렇게 배운 내용을 집에 가서도 실천할 것이다.

작은 땅이 가진 큰 힘

농업에서의 단순함이란 소규모 경작으로 정의할 수 있다. 소규모로 경작하는 농부는 땅에 관해 속속들이 알 수 있다. 땅을 잘 알수록 비옥함과 생산성을 더 끌어낼 수 있다. 땅과 그리고 자연과 친밀한 관계가 형성된다. 신발이 닳도록 밭에 나가 둘러보고 바뀌는 계절에 맞춰 땅을 세심하게 보살피는 농부는 땅의 잠재력과 풍부함을 알게 된다. 때로는 자신이 경작하는 작물 이상의 것을 얻는다. 가을에 밭 너머 산등성이의 커다란 참나무에서 버섯을 따고, 산 위쪽의 바위 많은 언덕에서 야생 허브를 따고, 늦봄에 개울에서 물냉이를 채취한다. 웬들 베리는 저서 《작게 생각하라 Think Little》에서 이런 농부의 관점을 잘 표현했다. "밭을 거닐면서 이곳의 다른 동물이나 식물과 마찬가지로 나 역시 땅에서 나온 존재라는 생각이 들었다. 내 몸과 나의 움직임들은 곧 이 땅이 품은 에너지의 표현이며 땅의 기운과 하나 된 결과물이다."

사실 올바른 방식으로 보살피기만 하면 작은 땅 한 조각도 우리에게 놀랄 만큼 많은 먹거리를 내어준다. 내 멘토인 존 제번스^{John Jeavons}가 쓴 책은 이런 멋진 제목을 달고 있다.《상상 이하의 작은 땅과 적은 물을 이용해 상상 이상으로 더 많은 채소를 (그리고 과일과 견과류, 베리, 곡물을) 수확하는 법^{How to Grow More Vegetables (and Fruits, Nuts, Berries, Grains, and Other Crops) Than You Ever Thought Possible on Less Land with Less Water Than You Can Imagine}》. 제목이 모든 걸 말해주지 않는가! 잘 생각해보면 가족을 먹여 살리는 간단한 방법 하나는 직접 밭을 일구는 것이다. 쉽지만은 않더라도 말이다.

그리고 자연농법의 선구자 후쿠오카 마사노부^{福岡正信}가 1975년 저서 《짚 한 오라기의 혁명》에서 말했듯, 때로 땅을 돌보는 최고의 방법은 그대로 놔두는 것이다. 후쿠오카는 자신의 농법을 '무위농법'이라고 불렀다. 그는 기계와 살충제, 화학 비료, 퇴비를 전혀 쓰지 않는 것은 물론이고 잡초도 뽑지 않고 흙도 갈지 않았다. 그는 "곡식을 기르는 데 이보다 더 단순한 방법은 없는 듯하다"라고 썼다. 흔히들 농사에 꼭 필요하다고 여기는 관리와 개입이 없었음에도 그의 밭에서 거둔 수확물의 양은 일본의 일반 농장들에서 나온 것과 비슷하거나 더 많았다. 그의 책이 출간되고 거의 50년이 흐른 지금, 우리가 여전히 산업화된 대규모 농업이 풍부한 수확을 얻는 유일한 방법이라는 끈질긴 통념과 맞서 싸워야 한다는 사실이 씁쓸하기만 하다.

셰프chef 겸 농부farmer라는 뜻으로 자신을 '셰파머CheFarmer'라고 부르는 매슈 레이퍼드Matthew Raiford와 앨시아Althea 남매는 조지아주에서 작은 가족 농장을 운영하는데(무려 130년 넘게 이어져 내려온 농장이다!), 이들의 영농 방식은 후쿠오카의 단순한 농업 철학과 거의 비슷하다. 밭에 인위적인 개입과 관리를 거의 하지 않는다. 또한 농장 부지의 많은 부분을 비워놓아 자연의 균형과 풍부함을 있는 그대로 경험할 수 있다. 매슈는 이렇게 말한다. "인간은 자연에게서 너무 많은 것을 빼앗는다. 자연을 복종시키려고 한다. 어떤 식물 또는 그것이 자라는 위치가 마음에 들지 않으면 그냥 뽑아버린다. 하지만 모든 풀이 잡초는 아니다. 민들레만 해도 그렇다. 아름다운 노란색 꽃부터 짙은 색 뿌리에 이르기까지 전부 먹을 수 있고 맛도 좋다. 우리가 조금만 시간을 내서 다가간다면 자연은 자연과 조화를 이루며 사는 것이 얼마나 쉬운지 우리에게 알려준다."

먹거리 네트워크를 구축할 때도 단순함을 가장 우선적인 가치로 삼을 필요가 있다. 지역 단위는 단순하다. 따라서 더 직접적이고 더 민감하게 움직일 수 있다. 소규모 농가는 지역사회의 특정한 니즈를 더 효과적으로 충족시킬 수 있고, 그 반대도 마찬가지다. 이는 타국에 본사를 둔 대기업들에 과도하게 의존하는 시스템과 세계화를 지양하고 그 대신 우리가 발 딛고 있는 땅을 출발점으로 삼는 자립적인 접근법이다. 우리는 한편으로 소농과 지역 경제에 근원을 둔 가치가 대의 민주주의 정부가 지향하는 가치의 기초를 이뤄야 한다는 이상을 토대로 이 나라가 건립됐다는 사실을 기억해야 한다.

우리는 코로나19 팬데믹을 겪는 동안 소규모 농장과 탈중앙화된 지역 중심 네트워크가 지닌 힘을 직접 목격했다. 갑작스럽게 닥친 위기 속에서 작은 농장들이 더 빠르게 적응하고 전략을 수정해 더 효과적으로 움직였으며 심지어 더 번창했다. 우리 식당에 복숭아를 공급해주는 마스 마스모토는 코로나19가 한창 심각했던 2020년 5월 〈뉴욕타임스〉에 실린 글에서 말했다. "지금은 작은 것이 지닌 아름다운 힘을 보여주는 시기다. 규모가 작으면 환경 변화에 맞춰 조정하고 변화하기가 훨씬 더 쉽다."

우리가 충분히 먹을 수 있는 음식을 확보하려면 대기업이 필요하다고들 생각하지만, 실은 그렇지 않다. 우리의 먹거리를 키우고 생산하는 이들을 알고 그들과 제대로 관계를 맺는다면 또는 직접 밭을 가꿔 길러 먹는다면, 지금보다 더 큰 식량 안정성을 확보할 수 있다.

덜어내면 삶의 여유가 생긴다

단순하게 살면 인생이 바뀐다. 꼭 필요한 것만 빼고 나머지를 덜어내면 오히려 힘과 자유가 생긴다. 사실 우리 마음속에는 너무 많은 물건과 너무 많은 할 일에 파묻히지 않은 삶에 대한 갈망이 존재한다. 주의력과 에너지를 빼앗는 요소가 줄어들면 삶의 무게도 가벼워진다. 오히려 더 풍성한 삶을 살고 더 많은 에너지를 충전할 수 있다. 삶이 단순해지면 주변 환경과 타인을 더 잘 알아채고 더 섬세하게 반응할 수 있다. 마리아 몬테소리는 단순함이라는 가치를 잃어버린 현대인의 삶을 꼬집으면서 대형 슈퍼마켓의 풍경을 언급했다. 우리는 진열대 상품의 엄청나게 많은 종류 앞에서 어찌할 바를 모르고

방황한다. 진실과 거짓이, 진짜와 가짜가 뒤섞여 우리를 혼란에 빠트린다. 우리는 단순함이라는 가치를 향해 나아가야 한다. 단순함이 진실로 향하는 길을 터주기 때문이다. 단순함은 가장 드물고 귀한 가치일지도 모를 정직과 진정성으로 우리를 안내한다.

We are what we eat

우리는 모두 연결돼 있다

우리는 각자 의지를 갖고 각자의 바람과 욕구에 따라 행동하는 개인들이다. 그러나 개인적 특성은 물론 있지만 서로 연결된 존재이기도 하다. 우리를 둘러싼 커다란 네트워크가 끊임없이 움직이면서 우리에게 영향을 끼치고, 도움을 주고, 때로는 방향을 제시한다. 먹거리를 생각해보자. 작물을 재배하는 사람은 운송하는 사람과 연결돼 있고, 운송하는 사람은 파는 사람과 연결돼 있고, 판매자는 그것을 구매해 조리하는 사람과 연결돼 있고, 그 사람은 음식을 먹는 사람과 연결돼 있다. 결국 우리 모두가 연결돼 있는 것이다. 우리가 서로서로 그리고 자연과 연결돼 있다는 사실을 자각하면, 자신의 삶과 타인에 대한 그리고 환경에 대한 책임감을 자연스레 갖게 된다.

셰파니스 초창기에 제리^{Jerry}가 우리 식당에 생선을 배달해줬다. 어느 더운 여름날 제리는 생선을 내려놓고 나서 식당 뒤쪽의 대형 철제 쓰레기 수거함에서 악취가 나는 것을 느꼈다. 그는 쓰레기 수거함을 열고 안을 들여다보았다. 생선 가시와 지느러미 때문에 쓰레기 봉지들이 여기저기 찢어진 데다 생선 찌꺼기가 사방에 묻어 있었다. 제리는 몸서리를 치면서 식당으로 들어와 내게 말했다. "앨리스, 잠깐 나 좀 따라와요." 그는 나를 쓰레기 수거함으로 데리고 가더니 "이 안으로 들어가세요!"라고 했다. 나는 그의 말대로 했다. 생선 내장이 가득한 쓰레기 수거함으로 들어가니 숨을 쉬기조차 힘들었다. 제리는 말했다. "당신이라면 이 쓰레기를 트럭에 옮기는 일을 하고 싶겠어요? 당신이 쓰레기 수거원이라면 이 악취가 좋겠어요? 그저 버리기만 하면 끝이 아니에요. 그 뒤에 오는 사람도 생각해야 합니다." 나는 쓰레기 수거함을 깨끗이 청소했다. 그 사건은 내가 식당 운영의 모든 과정이 세상과 연결돼 있음을 자각한 출발점이었다. 그리고 우리가 무엇을 어떻게 버리고 있는지 정확히 의식하게 된 계기였다.

결국 우리는 쓰레기 관리 시스템을 완전히 바꿨다. 생선 쓰레기 봉지는 두 겹으로 싼 뒤 입구를 끈으로 단단히 묶었고, 봉지 하나를 직원 두 명이 들고 옮겨 찢어지는 일이 없도록 쓰레기 수거함에 조심스럽게 넣었다. 직원 모두가 쓰레기 관리의 중요성을 확실히 자각했다.

그 일이 있고 난 뒤 우리는 퇴비 만들기에 참여했고 자연 분해되어 퇴비화가 가능한 쓰레기 봉지를 사용하기 시작했다. 식당에서 나오는 음식 찌꺼기를 우리와 거래하는 농장주인 밥 커나드에게 보냈다. 밥은 생선까지 포함한 모든 음식 찌꺼기를 자신의 재생 농업 프로세스에 활용하고 싶어 했다. 그 음식 찌꺼기 대부분은 처음에 그의 농장에서 온 재료들이었다. 밥은 재생 농업이 기후변화에 직접적인 영향을 준다고 설명했다. 직접 만들어 자연 발효시킨 퇴비는 공기 중의 탄소를 붙잡아 흙에 저장하기 때문이다.

밥의 농장에서는 모든 것이 서로 연결돼 있다. 우리 아버지가 밭을 처음 만나 잡초 사이에서 뽑은 훌륭한 당근을 맛보았을 때, 밥은 그 당근 맛이 자신의 농사 방식과 직결돼 있다고 설명했다. 그가 같은 땅에 섞어서 심고 키우는 모든 식물은 서로 연결돼 있었다. 어떤 식물은 흙에 질소를 늘려주고, 어떤 풀은 해충을 막아주고, 어떤 식물은 표토의 유실을 방지해준다. 이처럼 다양한 작물을 섞어서 심는 방식을 혼식 companion planting 이라고 한다. 혼식은 흙의 건강함을 높이므로 이런 땅에서는 맛과 영양이 뛰어난 채소가 나올 수밖에 없다.

지역사회에 활기를 불어넣는 여름 농산물 시식회

셰파니스 초창기에 주변 사람들이 메이어 레몬 Meyer lemon, 블랙베리, 무 등 자신의 뒤뜰에서 키운 먹거리를 가져다주곤 했다. 얼마나 고마웠는지 모른다. 그 덕분에 우리 식당의 음식에 새로운 맛과 재료를 추가할 수 있었을 뿐 아니라 지역사회와 한층 끈끈한 유대감도 생겼다. 인근 농장들과 거래하기 시작하면서부터는 먹거리를 키우는 데 얼마나 많은 노고가 들어가는지 깨닫게 됐고, 뜨거운 태양 아래서 손으로 일일이 콩과 옥수수와 딸기를 수확하는 분들에 대한 고마움이 훨씬 더 커졌다. 우리 식당은 그분들에게 많은 것을 의지하고 있었다. 마음을 다해 그분들을 존중하고 지원하는 것이 마땅한 도리라고 느꼈으며, 그분들을 생각하면 절로 겸손해졌다. 지금도 그렇다.

우리와 땅이 연결돼 있다는 인식은 베이에어리어 일대의 다른 식당들에서도, 그리고 전국 곳곳에서도 커지기 시작했다. 셰파니스 직원이면서 샌프란시스코 일대의 농부 네트워크와 활발히 소통하던 시벨라 크라우스^{Sibella Kraus}는 1983년 여름에 베이에어리어의 식당 운영자들과 농장주들이 모여 함께 저녁을 먹는 행사를 기획했다. 농부들은 자신이 키운 과일과 채소를 풍성하게 가져왔고 우리는 그걸 이용해 음식을 만들었다. 그리고 커다란 테이블에 둘러앉아 밥을 먹으면서 어떤 재료가 특히 맛있었는지 이야기를 나눴다. 다음 해에는 농장에 어떤 작물을 더 심으면 좋겠는지 우리의 의견을 말하기도 했다.

시벨라는 이 행사에 '여름 농산물 시식회^{A Tasting of Summer Produce}'라는 이름을 붙였다. 나는 이것을 미국에서 가장 중요한 먹거리 행사로 꼽아도 손색이 없겠다는 생각이 들었다. 우리는 농장주들과 한층 가까워졌고 다른 식당 운영자들과도 돈독한 관계를 형성했다. 셰프들은 농부가 특정한 채소를 어떻게 조리하는지, 그 채소의 어떤 점을 좋아하는지, 왜 그 작물을 재배하는지 알게 됐다. 첫 행사에는 식당 운영자 10명과 농장주 10명이 참여했다. 3년 뒤 오클랜드 박물관에서 열린 여름 농산물 시식회에는 무려 300명의 농장주가 참여했다. 너무나도 아름답고 보람된 행사였다. 이 행사는 식당 업계 사람들을 하나로 묶어주고, '농장에서 식탁으로'라는 가치에 기반해 우리와 지역사회의 유대감을 단단히 만들어주었다.

세라 와이너Sarah Weiner와 그녀의 재단에서 만든 좋은 먹거리 시상식Good Food Awards은 지난 10년간 유기농 먹거리를 직접 맛보고 그 가치를 널리 알리는 활동을 확산시키는 데 기여해왔다. 이 행사에서는 유기농 재료로 만든 전국의 다양한 식품을 소개하고 비교 및 평가한다. 미국 각지의 식품 장인과 생산자들이 출품한 잼, 빵, 올리브오일, 맥주, 치즈, 초콜릿 등을 블라인드 테스트를 통해 선정하여 상을 주기도 한다. 또한 이 행사는 각 주에서 온 식품 장인들이 만나 의견을 교환하는 대화의 장이기도 하다. 식품 생산자를 이런 방식으로 인정하는 행사는 일찍이 없었다. 맛과 먹거리에 대한 완전히 새로운 접근법이다.

시벨라는 샌프란시스코의 페리플라자 농산물 직판장이 만

들어지는 데 주도적 역할을 했다. 이 직판장은 세계적으로 인정받는 유기농 시장 모델인데, 이런 모델은 대단히 중요하다. 사람들이 유기농 생산물의 판매 및 소통 방식을 배워 각자 자신의 지역사회에서 실천할 수 있기 때문이다.

  세계 곳곳에서 로컬 유기농 시장이 성장하는 모습을 보면 가슴이 벅차다. 종종 나는 농부들이 직판장에 오는 과정을 상상해본다. 새벽부터 일어나 자신이 직접 키운 농산물을 트럭에 싣고 두세 시간씩 운전해서 도시에 도착해 싣고 온 것을 차에서 내려 판매대에 진열하는 모습을. 그들은 갖고 온 농산물을 전부 팔 수 있을지 어떨지 모른다. 나는 비가 와도 꼭 농산물 직판장에 간다. 내가 그들에게 의존하고 있고 그들 역시 내게 의존하고 있기 때문이다. 이런 직거래 장터는 농장주와 목장주가 중개상을 거치지 않고 직접 수익을 올릴 수 있는 가장 좋은 방식이다. 그리고 그것을 사 먹는 우리가 농장에 직접 가지 않고도 농사일에 대해 알 수 있는 가장 좋은 방법이다. 직거래 장터에서 식재료를 구입하면 마치 몸에 스며들 듯이 계절과 지역의 특성을 자연스럽게 이해하게 된다. 직거래 장터에 가는 것만으로도 우리 모두가 연결돼 있음을 느낄 수 있다.

공동체지원농업community-supported agriculture, CSA 역시 생산자와 지역사회 주민을 연결하는 훌륭한 아이디어다. 소비자가 농사철 이전에 농부에게 비용을 선납하는 시스템이므로 농부가 일정 금액의 수입을 보장받을 수 있다. 일주일이나 몇 주에 한 번씩 소비자는 농부가 생산한 제철 농산물이 담긴 상자를 전달받는다. 여름에는 선골드 방울토마토Sungold cherry tomato·바질·자두가, 겨울에는 호박·뿌리채소·치커리가 담기는 식이다. CSA가 실행되는 곳에서는 안정적인 지역 경제가 형성된다. 농부는 지역사회를 통해 직접 지원을 받고 지역사회 소비자는 주기적으로 신선한 농산물을 받아볼 수 있는 훌륭한 공생 관계가 이뤄지는 것이다.

마찬가지로 많은 학교도 지역사회에 활기를 불어넣고 있다. 교육의 중심이 되는 것을 넘어서 지역의 재생 농업 농부와 목장주를 위한 안정적인 경제적 지원 시스템의 역할도 할 수 있음을 깨닫고 있는 것이다. 나는 이것을 '학교지원농업school-supported agriculture'이라고 부른다. CSA에서 농부에게 비용을 미리 지불하는 것과 비슷하게, 학교는 중개상을 거치지 않고 지역 유기농 농부와 목장주에게 합당한 비용을 직접 지불함으로써 안정적이고 지속적인 구매자가 될 수 있다. 이는 세파니스에서 50년 전에 시작한 방식이다. 날마다 3,000만 명의 학생이 밥을 먹는 학교 구내식당은 국내 최대의 식당 체인이나 마찬가지다. 만일 대학교를 포함해 전국의 모든 학교가 '지역 생산자에게서만' 먹거리를 구매한다면 엄청난 변화가 일어날 것이다. 재생 농업을 실천하는 농가와 지역사회와 학교, 이 모두가 함께 이로움을 얻는다. 학교 급식을 먹는 것만으로도 우리의 아이들에게 슬로푸드 가치가 자연스럽게 스며들 것이다.

전통을 계승하고 공동체를 되살리는 식문화

궁극적인 형태의 연결은 사람들과 함께 식탁에 앉아 밥을 먹으면서 대화를 나누는 행위다. 로마에 아메리칸아카데미 American Academy라는 연구 및 예술 지원 기관이 있다. 이곳에서는 미국의 작가, 예술가, 학자들이 모여서 활동한다. 1893년 시카고 세계박람회에서 아메리칸아카데미에 대한 아이디어가 구상됐고 이듬해 기관이 설립됐다. 이 기관은 여러 분야에 걸친 학제간 교류와 프로젝트를 위한 공간이 된다는 목표를 지향해왔다. 하지만 음식은 중요하게 여겨지지 않았다. 아카데미에서 제공하는 음식은 미국의 학교 급식과 비슷했다. 그래서 식사 시간이 되면 경제적 여유가 있는 사람들은 시내로 나가 여기저기 흩어져서 밥을 먹었다. 하지만 서로 자유롭게 대화하며 소통하기에 점심이나 저녁 식탁보다 좋은 공간이 또 있을까?

아카데미 측에서는 15년 전 나와 동료 모나 탤벗Mona Talbott에게 이곳의 음식 시스템을 혁신적으로 변화시켜달라고 요청했다. 날마다 식탁에 모여서 함께 먹고 싶은 음식이 되도록, 그래서 대화하고 협력하면서 서로 배울 수 있는 분위기를 촉진하도록 만들고 싶어 했다. 다행히 아카데미 총장인 아델 챗필드-테일러Adele Chatfield-Taylor도 우리를 적극 지원하면서, 방식에 제한을 두지 않을 테니 자유롭게 추진해보라고 허락했다. 우리는 프로젝트 시작 첫날부터 모든 식재료를 유기농으로 사용했다. '로마 지속 가능 먹거리 프로젝트Rome Sustainable Food Project'라는 이름도 붙였다.

음식을 변화시키자 아카데미의 문화와 분위기 전체가 바뀌었다. 현재 이곳의 학자들은 주방과 텃밭을 직접 경험하기도 한다. 그러면 자신이 먹는 음식의 기원에 관해 완전히 새로운 관점을 갖게 된다. 우리는 조반니 베르나베이Giovanni Bernabei를 중심으로 지역 유기농 농부 네트워크도 만들었다. 로마의 밥 커나드라고 할 수 있는 그는 로마에서 한 시간이 채 안 걸리는 교외에서 재생 농업 방식으로 농장을 운영한다. 이로써 아메리칸아카데미와 주변 환경 및 지역사회 사이에 의미 깊은 연대감이 형성됐다.

우리는 로마 일대 지역의 전통 조리법도 연구했다. 이탈리아는 식문화의 뿌리와 역사가 매우 깊으며 전통 조리법이 어머니에게서 딸로 전해 내려오는 경우가 많다. 전통은 우리의 상호연결성을 논할 때 빼놓을 수 없는 요소다. 비록 눈에 보이지 않을지라도 우리는 우리의 역사 및 조상들과 연결돼 있고 패스트푸드 문화 이전에 존재했던 문화와 연결돼 있다. 언제나 구전은 식문화 전통을 한 세대에서 다음 세대로 전달하는 중요한 방식이었다. 지금도 셰파니스에서는 조리법을 글로 적어놓지 않고 항상 말로 설명한다.

전통을 존중하는 것과 전통에 갇히는 것의 차이는 구분하기 쉽지 않다. 나는 혁명의 시기인 1960년대를 거쳐왔고, 그 시절에 사람들은 기존 문화의 많은 전통을 거부했다. 나도 앞 세대가 중시한 가치들을 내다 버리고 싶어 하는 충동을 이해했다. 하지만 우리는 셰파니스를 시작할 때 전통을 완전히 거부하지는 않았다. 여기에는 나를 비롯한 직원 모두가 프랑스 문화를 유독 사랑했다는 사실도 한몫했다. 프랑스 전통은 우리에게 영감의 원천이었다. 프랑스와 이탈리아의 역사 및 문화에서 음식과 요리는 대단히 두드러진 요소다. 그리고 우리 모두는 그 나라들을 직접 경험하면서 뭔가를 깨달은 이들이었다. 우리가 그 나라들의 전통에 강하게 매혹된 것은 모국의 문화가 아니었기 때문일 수도 있다. 그래서 어떤 제약이나 선입견 없이 자유롭게 해석할 수 있었는지 모른다. 프랑스 친구 마르틴이 셰파니스에 처음 찾아온 날 프랑스 음식을 버클리의 정신으로 해석해 재창조해줘서 너무 기쁘다고 말했을 때, 나는 진짜 인정받았다는 뿌듯함을 느꼈다.

음식이라는 영역에서는 전통을 탐구함으로써 굉장히 많은 것을 배울 수 있다. 예컨대 이런 질문을 생각해볼 수 있다. 오랜 세월을 견뎌내고 지금까지 사랑받는 맛의 조합은 무엇인가? 우리는 전통이 우리를 구속하는 것이 아니라 우리에게 영감을 줄 수 있다고 믿었다. 앞 세대 사람들의 지혜를 철저히 무시하는 사람은 훌륭한 요리사가 되기 힘들다. 우리는 지난 세대 요리 장인들의 조리법을 더 높은 곳으로 올라가기 위한 디딤돌로 여겼다. 그것 때문에 제약을 받는다고 생각해본 적이 없다. 그리고 만일 우리가 오랫동안 존경받아온 맛의 조합보다 훨씬 더 훌륭한 결과물을 만들어낸다면 더할 나위 없는 일이다. 중요한 것은 역사 및 전통과 이어진 끈을 놓지 않되 거기에 얽매이지 않는 것이다.

농업에도 전통이 존재한다. 또는 적어도 그래야 마땅하다. 땅이 지나온 역사와 그 땅이 경작돼온 방식을, 앞 세대 사람들이 재배해온 작물이 지닌 가능성을 아는 일은 매우 중요하다. 그것은 우리에게 꼭 필요한 소중한 자원이다.

텃밭에서 채소를 길러 먹는 단순한 행위조차 전통과 연결돼 있다. 그것은 수천 년 전부터 존재해온 자급자족적 생활방식이다. 세계 모든 나라에서 사람들은 먹거리를 직접 키워서 먹었다. 직접 키우면 자연스럽게 그것을 심은 땅을 건강하게 보살피고 싶어진다. 식물의 커다란 생명 주기를 놓고 보면 요리는 아주 작은 그 일부에 불과하다. 적절한 씨앗을 고르고, 적절한 흙을 찾고, 싹을 틔워 자라는 동안 올바르게 보살피고, 시기를 잘 살펴 수확하는 그 모든 과정을 생각해보라. 나는 재배에서 수확에 이르는 과정이 음식의 85퍼센트는 차지한다고 생각한다. 식재료를 직접 길러 먹으면 그 전체 주기를 자연스레 체득할 수 있다. 그 맛이 얼마나 섬세해질 수 있는지, 우리 모두가 어떻게 연결돼 있는지 잊지 않게 된다.

나는 분별력을 갖지 않고 먹는 사람은 자신을 환경주의자라고 부를 자격이 없다고 믿는다. 그리고 그 반대도 마찬가지다. 분별력을 갖고 먹는 사람이 어찌 환경주의자가 아닐 수 있겠는가. 웬들 베리는 "먹는다는 것은 농업적 행위다"라고 말했다. 물론 여기에는 먹는 것이 환경적 행위라는 의미도 내포돼 있다. 따라서 먹는 것은 '정치적' 행위가 된다. 우리가 날마다 내리는 결정이 이 세상에 영향을 미치기 때문이다. 모든 음식은 근본적으로 우리를 지구의 생명력과 연결해주는 끈이다. 음식은 우리를 자연이 지닌 힘과 가능성에 연결해준다. 자연이 주는 놀라운 선물과 연결해준다. 우리는 발을 딛고 서 있는 이곳에서 얼마든지 근본적인 변화를 이뤄낼 수 있다.

결론

우리의 미래는 음식에 달려 있다

원고를 마무리하는 지금 코로나19가 전 세계를 강타하고 있다. 온갖 제도와 경제가 휘청거리고, 삶이 완전히 바뀌고, 많은 이들이 앓고 있거나 이미 세상을 떠났다. 이런 시기에 다 함께 식탁에 둘러앉자는 이야기를 강조하자니 기분이 좀 이상하다. 그게 바로 요즘 우리에게 금지된 행동이니 말이다.

나는 이 팬데믹 시국을 음식이라는 렌즈를 통해 바라보지 않을 수 없다. 코로나19의 발원지는 먹거리를 파는 시장으로 추정된다. 우리는 동물들이 서로 연결돼 있고 동물과 그 사는 곳이 연결돼 있다는 사실을 간과했다. 이 감염병은 우리 모두가 긴밀히 연결돼 있다는 사실을 인정하지 않았기 때문에 전 세계로 걷잡을 수 없이 퍼져나갔다. 중국이나 이란, 이탈리아의 상황이 한국이나 뉴질랜드, 캘리포니아 버클리에 빠르게 영향을 미치고 있다. 우리가 모든 분야의 산업 공급망이 중단되는 일 없이 계속 돌아가기를 바랐기 때문에 그리고 속도, 편리함, 제한 없는 접근성 등 생활에 뿌리 깊이 밴 패스트푸드 가치들 때문에 코로나19가 훨씬 더 멀리까지 빠르게 퍼졌다. 광고에 대한 우리의 잘못된 믿음도 이 감염병과 싸우는 기간이 길어지는 데 한몫하고 있다. 온갖 광고가 우리를 향해 병에 대한 정보와 그 대응법에 관한 혼란스러운 메시지를 보낸다. 그리고 패스트푸드 기업들은 애초에 우리 사회를 현재 모습으로 만든 시스템과 공급망을 위한 자금을 확보해 그것들을 더 강화하면서 여전히 이윤 추구에 열을 올리고 있다.

그러나 격변의 시기에 으레 그렇듯 희망은 있다. 이 혼란기는 대안을 모색하는 기회도 될 수 있다. 시스템과 제도가 흔들리고 결점들이 고스란히 드러나면, 그것을 완전히 다시 구상해 재편할 기회다. 어떻게 하면 우리 모두가 각자의 일상에서 슬로푸드 가치를 실천할 수 있을까? ('시간'이 관건인 만큼) 어떻게 하면 그 가치를 최대한 빨리 세상에 퍼트릴 수 있을까?

가장 자연스럽고 직접적이며 '즐겁게' 행하는 방법은 먹는 방식을 변화시키는 것이다. 친구나 가족과 식사를 하거나, 장을 보거나, 도시락을 먹거나, 주방의 오븐을 켜거나, 씨앗을 심거나, 영화관 매점에서 간식을 사 먹을 때마다 우리는 이런 질문을 던져야 한다. "이 행동은 슬로푸드 문화에 기여하는 결정인가, 패스트푸드 문화에 기여하는 결정인가?" 우리는 누구나 매일 뭔가를 먹는다. 그 단순한 사실 때문에 음식은 커다란 잠재력을 지닌다. 우리 모두에게는 어떤 길을 선택할지 하루에도 몇 번씩 결정할 기회가 있다. 충분히 많은 이들이 일상의 식생활을 바꾼다면 엄청난 변화가 일어날 것이다.

셰파니스가 이뤄낸 중요한 성취 하나는 우리만의 대안 경제 시스템을 만든 일이다. 우리는 재생력을 지닌 지역 네트워크를 구축했다. 이 네트워크는 산업화된 대규모 시스템보다 더 인간적이고 활기 넘치고 유연성 있으며 안정적이면서 회복력이 강하다. 진정한 변화가 일어나려면 이런 제도적 개혁이 모든 곳에서 일어나야 한다. 이는 우리 사회가 집중해야 할 시급한 과제다. 그리고 그 시작점으로 삼기에 가장 좋은 곳은 커다란 구매력을 지녔으며 교육의 구심점인 학교다. 학교지원농업(그 핵심은 재생 농업의 가치를 구현한 무료 급식을 모든 아이에게 제공하는 것이다)은 모든 지역사회가 선택을 고려해볼 수 있는 대안적 경제 엔진이다. 학교지원농업은 자급자족적 농업 지원 네트워크를 활성화하고 아이들에게 양질의 음식을 먹일 수 있는 길이다.

사회운동가 글로리아 스타이넘Gloria Steinem은 공교육이 우리에게 마지막으로 남은 진정으로 민주적인 제도라고 말했다. 나는 그녀가 무슨 뜻으로 그런 말을 했는지 안다. 모든 아이는 학교에 다닌다. 또는 그래야 마땅하다. 학교는 미래 세대와 가장 직접적으로 소통하기에 이상적인 장소다. 날마다 학교 교실에서 슬로푸드 가치를 자연스럽게, 민주적으로, 그리고 즐거운 방식으로 가르쳐야 한다.

먹거리 교육이 세계 곳곳에서 이미 자리를 잡고 있는 방식은 규모 지향적인 패스트푸드 문화의 중앙관리식 모델과 정반대다. 에더블 스쿨야드 프로젝트의 온라인 네트워크에는 각 나라의 학교 및 여타 교육기관에서 실행하는 7,000개 이상의 프로그램이 존재한다. 이들 학교의 요리하는 교실과 텃밭에서 집사 정신, 생물 다양성, 계절성, 아름다움의 가치를 가르치고 있다. 이들 가치가 만들어내는 변화에 아이들이 반응하고 있다. 이는 우리가 지난 25년 동안 에더블 스쿨야드 프로젝트에서 끊임없이 목격해온 모습이다.

그러나 이 가치들은 어떤 한 사람 또는 한 조직이 소유하거나 실행하는 것이 아니다. 수많은 학교가 각자의 방식으로 슬로푸드 가치와 관계를 형성한다. 이들 학교는 개별적 조직이자 지역사회가 만들어낸 결과물이다. 사실 지역성은 그들의 성공에 결정적 역할을 한다. 각 학교와 그곳의 프로그램이 발전할 수 있는 것은 그들이 다른 학교 및 프로그램과 다르기 때문이다. 저마다 자신의 독특한 환경과 기후, 문화, 전통과 긴밀하게 얽혀 있기 때문이다. 이런 교육기관들로 형성된 네트워크에는 다양한 문화권의 모범적인 프로그램이 축적된다. 이런 성공 사례를 공유하며 서로 배우는 일은 반드시 필요하며, 요즘 같은 시기에는 더더욱 그렇다.

  모종의 이상화된 과거로 되돌아가자는 얘기가 아니다. 사실은 존재한 적도 없는 산업화 이전의 농업 유토피아로 돌아가자고 외치는 것도 아니다. 나는 보편적인 인간적 가치들을 음식을 통해 계속 지켜나가기 위해 우리의 소중한 땅을 돌보는 이들과 연결되는 것, 그들을 지원하는 것이 중요하다고 말하고 싶은 것이다. '농장에서 식탁으로'는 새로운 개념이 아니다. 농장과 식탁은 언제나 연결돼 있었다. 그리고 그래야 마땅하다. 우리 모두는 늘 어딘가로부터 음식을 얻는다. 이 역시 늘 그래왔다. 시간이 흐르면서 변화한 유일한 한 가지는 "어떤 농장에서 왔는가?"와 "어떤 식탁을 차리고 있는가?"라는 질문에 대한 답이다. 우리는 끊임없이 물어야 한다. 어떤 농장에서 왔는가? 어떤 식탁을 차리고 있는가? 우리는 어떤 미래를 맞이하고 싶은가? 어떤 사회를 만들고 싶은가? 어떤 지구를 만들고 싶은가?

  우리는 어려운 시기를 얼마든지 헤쳐 나갈 수 있다. 슬로푸드 가치는 우리 모두가 공유하는 자연의 유산이다. 거기에는 힘이 있다. 우리의 내면에 잠재한, 슬로푸드 가치에 반응하는 감각을 깨워야 한다. 미각만 있으면 충분히 할 수 있는 일이다.

감사의 글

책을 완성하는 데 오랜 시간이 걸렸다. 그 과정에서 참으로 많은 이들이 영감과 도움을 주었다. 이 책이 내가 평생 해온 일을 요약한 것임을 고려할 때, 사실 감사할 이들은 수십 명이 아니라 수백 명에 이를 것이다.

누구보다 먼저 공저자인 밥 커라우와 크리스티나 뮬러에게 고마움을 전한다. 책의 출발점은 10년 전으로 거슬러 올라간다. 당시 내가 슬로푸드 가치와 아이들을 대상으로 한 먹거리 교육의 중요성을 설득력 있게 전달할 연설문을 작성할 때 밥이 도와주었다. 그리고 2018년에 우리 셋은 그 연설 내용을 확장해 책으로 엮기 위해 매주 만나기 시작했다. 각자의 경험을 총동원해 책에 넣을 내용을 의논하고 좋은 책을 만들 방법을 고민했다. 밥과 크리스티나가 없었다면 이 책은 완성하지 못했을 것이다.

우리가 원고와 씨름하는 내내 저작권 에이전트 데이비드 매코믹David McCormick의 도움과 격려가 큰 힘이 됐다. 제이슨 베이드Jason Bade, 수 머피Sue Murphy, 다비아 넬슨, 스티브 와서먼Steve Wasserman도 유용한 조언을 해주었다. 마이클 폴란과 에릭 슐로서, 크레이그 맥너마라Craig McNamara는 완성된 초고를 신중하게 검토해주었다. 그다음엔 뛰어난 편집자인 앤 고도프Ann Godoff와 케이시 데니스Casey Denis가 다시 꼼꼼히 검토해주었다. 모두에게 진심 어린 감사를 전한다.

내 안에서 슬로푸드 가치관이 싹트고 성장하게 해준 여러 사상가와 운동가에게 큰 빚을 졌다. 그중에서도 특히 카를로 페트리니, 웨스 잭슨, 라지 파텔Raj Patel, 웬들 베리, 마이클 폴란, 에릭 슐로서, 헬레나 노르베리-호지, 조너선 사프란 포어Jonathan Safran Foer, 마크 샤피로에게 감사드린다.

밥 커나드와 론 핀리에게도 깊은 고마움을 전한다. 이들은 생물 다양성과 재생 농업의 진정한 의미를 가르쳐줬다. 공교육 시스템의 야만적 불평등을 일깨워준 조너선 코졸Jonathan Kozol, 에더블 스쿨야드 프로젝트 이사회의 굳건한 지지를 받으며 먹거리 교육을 통한 평등함의 실현을 몸소 보여준 에스터 쿡에게도 감사한다. 에더블 스쿨야드 프로젝트를 시작할 수 있었던 것은 25년 전 우리에게 문을 활짝 열어준 마틴루서킹 주니어중학교 교장 닐 스미스^Neil Smith 덕분이었다. 그 후 먹거리 교육이라는 개념이 전 세계로 퍼졌다. 도쿄 아이와초등학교에도 에더블 스쿨야드 프로그램이 있고, 프랑스에서는 카미유 라브로^Camille Labro가 학교 텃밭 가꾸기 운동을 시작했다.

이제 대가족이 된 셰파니스 식구들에게도 말할 수 없는 고마움을 전한다. 최고의 음식을 만들기 위해, 그리고 조화롭게 일하는 이상적 일터를 만들기 위해 늘 노력하는 그들이 곁에 있어 든든하다.

오랜 친구인 퍼트리샤 쿠르탄^Patricia Curtan과 프리츠 스트라이프^Fritz Streiff에게 각별한 고마움을 전한다. 내가 40년 전 첫 책을 쓴 이후로 매번 책을 낼 때마다 소중한 역할을 해주었다. 퍼트리샤의 창의성과 미적 감각이 없었다면 내 책들은 나오지 못했을 것이다. 그리고 프리츠는 매번 책의 마무리 단계에서 귀중한 도움을 주었다.

마지막으로 아름다움이 보살핌의 언어라는 생각이 옳음을 확인시켜주고 먹거리 교육이 의미 깊은 변화를 만들어낸다는 사실을 내게 상기시켜준 딸 패니^Fanny에게 한없이 고맙다고 말하고 싶다.

지구를 바꾸는 작은 혁명
슬로푸드 선언 어떻게 먹을 것인가

제1판 1쇄 인쇄 | 2025년 6월 16일
제1판 1쇄 발행 | 2025년 6월 23일

지은이 | 앨리스 워터스
펴낸이 | 하영춘
펴낸곳 | 한국경제신문 한경BP
출판본부장 | 이선정
편집주간 | 김동욱
책임편집 | 남궁훈
교정교열 | 공순례
저작권 | 백상아
홍　보 | 서은실·이여진
마케팅 | 김규형·박도현
디자인 | 이승욱·권석중
표지 디자인 | 박명규

주　소 | 서울특별시 중구 청파로 463
기획출판팀 | 02-3604-556, 584
영업마케팅팀 | 02-3604-595, 562　FAX | 02-3604-599
H | http://bp.hankyung.com　E | bp@hankyung.com
F | www.facebook.com/hankyungbp
등　록 | 제 2-315(1967. 5. 15)

ISBN 978-89-475-0167-5　03300

책값은 뒤표지에 있습니다.
잘못 만들어진 책은 구입처에서 바꿔드립니다.